商业计划书
编写实战

（第2版）

胡华成　丁磊　编著

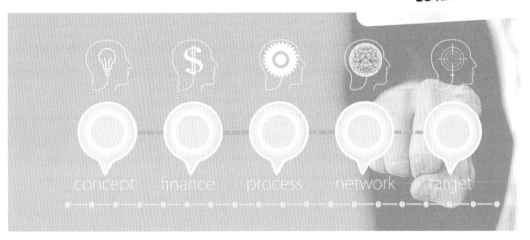

清华大学出版社
北京

内 容 简 介

本书由全网粉丝超过 500 万的 HR 商学院院长、首席人事官胡华成老师和曾担任世界 500 强企业职业经理人的丁磊老师，根据多年商业投融资领域的经验，从 13 个专题内容出发，以 108 个知识点与大家分享了撰写商业计划书的技巧，以帮助大家快速拿到融资，成为创业赢家。

本书结合两位老师丰富的融资经验，对商业计划书的基本信息、重点内容、产品竞争优势展示、营销和盈利模式打造、财务计划的制订、潜在风险的解决、退出投资后的持续盈利、文字表现力的增强、数据的使用方式、PPT 商业计划书、Word 商业计划书、寻找投资人以及五大类型商业计划书案例进行了讲解。这些已被反复验证了的商业计划书制作方法，将帮助你快速获得投资者的认可，实现企业梦想！

本书适合利用商业计划书进行筹资的团队或公司、中小型企业的管理者和领导者、产业或行业研究公司、大中型金融平台、有金融管理相关专业的学校、专业的商业计划书设计团队和商业文案领域的设计专家阅读、参考。

本书封面贴有清华大学出版社防伪标签，无标签者不得销售。
版权所有，侵权必究。举报：010-62782989，beiqinquan@tup.tsinghua.edu.cn。

图书在版编目(CIP)数据

商业计划书编写实战/胡华成，丁磊编著. —2 版. —北京：清华大学出版社，2020.6（2023.8重印）
ISBN 978-7-302-55396-0

Ⅰ. ①商… Ⅱ. ①胡… ②丁… Ⅲ. ①商业计划—文书—写作 Ⅳ. ①F712.1

中国版本图书馆 CIP 数据核字(2020)第 068556 号

责任编辑：张　瑜　杨作梅
装帧设计：杨玉兰
责任校对：周剑云
责任印制：宋　林

出版发行：清华大学出版社
网　　址：http://www.tup.com.cn，http://www.wqbook.com
地　　址：北京清华大学学研大厦 A 座　　　邮　编：100084
社 总 机：010-83470000　　　邮　购：010-62786544
投稿与读者服务：010-62776969，c-service@tup.tsinghua.edu.cn
质量反馈：010-62772015，zhiliang@tup.tsinghua.edu.cn

印 装 者：大厂回族自治县彩虹印刷有限公司
经　　销：全国新华书店
开　　本：170mm×240mm　　　印　张：15　　　字　数：289 千字
版　　次：2017 年 2 月第 1 版　2020 年 6 月第 2 版　　印　次：2023 年 8 月第 6 次印刷
定　　价：49.80 元

产品编号：084792-01

前言

在当下经济迅速发展的时代，初创企业或团队要跟上时代的发展，从而快速成长，什么是最重要的？是资金！虽然国家经济的发展速度有所放缓，但依旧处于快速发展的阶段，新媒体等众多行业的兴起，降低了创业的门槛，这给企业和团队提供了诸多机会，但很多时候我们缺少的并不是机会，而是将机遇牢牢把握的能力。

获得投资人的资金、获得投资人的人脉，甚至直接获得投资人的管理，这些都是能够帮助创业者快速成功的重要因素。对于希望在市场中分一杯羹的创业者而言，商业计划书是成就梦想的第一步，为什么这样说呢？因为没有融资就没有发展，商业计划书对商业融资交易的重要性不言而喻，一份优质的商业计划书可以帮助企业或团队快速达到筹资目标。

一份优质的商业计划书，从内容准备到完成初步编写需要做大量的准备工作，完成初步编写之后，还需要反复检查和修改。这么看来，对于非专业的创业者来说，商业计划书的编写工作无疑是比较困难的。

虽然市面上着重写如何创作商业计划书的书籍有很多，但是内容大多过于书面化、呆板化、无用化，这类书籍缺少商业计划书进行实战的指引，对需要编写商业计划书的创业者而言帮助有限。因此，笔者收集、整合了相关资料，并结合实战案例以及自己的经验和感悟，编写了本书。

本书中的 108 招，均为笔者写作和运营实践经验的总结，在对于商业计划书写作和运营过程中的相关问题进行全盘解答的同时，注重分析的透彻性，将各招式进行具体解读，从而让读者可以更快地掌握其精华内容，并活学活用、举一反三，为实践活动提供有力的指导。通过这种系统而翔实的讲述，希望能够为读者带来真实的帮助，成就一份帮助读者成功融资的商业计划书，帮助读者铺就一条走向成功的捷径。

从内容上看，对商业计划书的基本信息、重点内容、产品竞争优势展示、营销和盈利模式打造、财务计划的制订、潜在风险的解决、退出投资后的持续盈利、文字表现力的增强、数据的使用方式、PPT 商业计划书、Word 商业计划书、寻找投资人等问题均进行了具体说明，并在最后一章结合五大实战案例进行分析。

本书意在通过具体的讲解，结合实战案例，让读者直观地掌握一定的实战技巧，并在短时间内吸收编写商业计划书的精华，帮助读者能更直观地感受商业计划书的编写要点，从而有效地提高商业计划书的写作水平。

当然，每个创业团队所面临的实际问题不尽相同，本书作为笔者经验的总结，或多或少可以给大家在商业计划书的编写上提供一定的借鉴，但是，要想制作出一份优秀的商业计划书，成功地获得投资人的融资，还要学会举一反三，在学习相关经验、技巧的基础上，打造出一份更适合自身情况的商业计划书！

本书由胡华成、丁磊编著，参与编写的人员还有谭焱等人，在此一并表示感谢。由于作者知识水平有限，书中难免有错误和疏漏之处，恳请广大读者批评、指正。

编　者

目录

第1章 11个要点，快速厘清商业计划书的基本信息 ... 1

- 001 商业计划书的实质内容 ... 2
- 002 商业计划书的主要类型 ... 3
- 003 商业计划书的重要作用 ... 8
- 004 商业计划书的制作重点 ... 10
- 005 商业计划书的VC模式 ... 11
- 006 谁需要用到商业计划书 ... 14
- 007 制作商业计划书的注意事项 ... 14
- 008 优秀商业计划书的特点 ... 16
- 009 商业计划书如何进行路演 ... 18
- 010 商业计划书的参考模板 ... 20
- 011 商业计划书的编写范文 ... 23

第2章 9个事项，全面了解商业计划书的重点内容 ... 27

- 012 封面内容设计 ... 28
- 013 摘要内容撰写 ... 30
- 014 行业市场分析 ... 34
- 015 企业团队展示 ... 36
- 016 产品信息呈现 ... 37
- 017 盈利模式解读 ... 38
- 018 营销计划说明 ... 39
- 019 财务计划解读 ... 39
- 020 项目风险因素 ... 40

第3章 8种介绍，详细展现公司和产品的竞争优势 ... 43

- 021 公司信息介绍 ... 44
- 022 产品优势介绍 ... 46
- 023 市场潜力介绍 ... 50
- 024 团队特色介绍 ... 52
- 025 工作模式介绍 ... 59
- 026 分析竞争力 ... 60

027	做好市场和行业分析	61
028	做好市场调研报告	62

第4章 7个策略，打造令人心动的营销和盈利模式 ... 69

029	市场营销策略分析	70
030	竞争营销策略分析	72
031	产品促销策略分析	74
032	广告营销策略分析	76
033	推广营销策略分析	78
034	盈利模式策略分析	80
035	模式落地策略分析	86

第5章 7项分析，制订备受投资人青睐的财务计划 ... 89

036	财务计划的制订步骤	90
037	需要体现的重点内容	93
038	如何制订打动人心的计划	95
039	运营数据的几个方向	97
040	运营数据的几个突出	99
041	投资人重点关注的问题	101
042	财务中预测的3大要素	102

第6章 7项解读，为潜在的各类风险寻找解决之道 ... 105

043	全面地介绍各类风险	106
044	风险因素的全面分析	108
045	行业风险的相应措施	114
046	市场风险的相应措施	115
047	政策风险的相应措施	116
048	经营风险的相应措施	117
049	技术风险的相应措施	117

第7章 9种举措，确保投资退出后项目的持续盈利 ... 119

050	风险投资的主要介绍	120
051	风险投资的表达技巧	122
052	上市退出方式的分析	124
053	并购退出方式的分析	125
054	回购退出方式的分析	125

	055	清算退出方式的分析	126
	056	制定退出措施的技巧	126
	057	应对退出计划的方法	127
	058	退出措施的案例分析	130

第8章 6个技巧，突出商业计划书中文字的表现力 ... 133

	059	创作思路的顺序性	134
	060	以投资人视角撰写	135
	061	文字创作的小技巧	137
	062	具体内容通俗易懂	139
	063	计划书内容巧妙布局	140
	064	结合图表提高说服力	141

第9章 10个方面，用数据展现商业计划书的真实信息 ... 147

	065	数字更能吸引注意力	148
	066	数字突出内容真实性	149
	067	关键点搭配权威数据	150
	068	市场规模的数据显示	151
	069	盈利数据的数值计算	151
	070	资金使用的相关数据	152
	071	未来数据的相关预测	153
	072	数据的3大运用	154

第10章 9个特色，借助PPT的优势打造酷炫计划书 ... 157

	073	信息全面重点突出	158
	074	效果直观特色鲜明	161
	075	制作成本低	163
	076	兼容性较好	164
	077	可视性更强	164
	078	制作周期短	165
	079	直接展示性	166
	080	阅读效率性	167
	081	专业统一性	168

第11章 9个优势，通过Word完美诠释商业计划书内容 ... 171

| | 082 | 图片直接插入 | 172 |

- 083 内容调整快速 174
- 084 文本转换图形 174
- 085 便于修改恢复 175
- 086 文档快速共享 176
- 087 体现沉稳真实感 176
- 088 信息丰富展示度 177
- 089 规范统一模式性 179
- 090 便于了解自身水平 180

第12章 13个思考，多种渠道寻找投资人并成功接触 183

- 091 寻找投资人的必要性 184
- 092 介绍团队配置的分工 185
- 093 为面谈做好充足准备 186
- 094 通过中间人机构寻找 187
- 095 根据信息资料的指引 189
- 096 通过参加会议与论坛 189
- 097 通过直接接触投资人 190
- 098 利用新媒体进行寻找 191
- 099 通过各类节目寻找投资 191
- 100 突出自身的优秀程度 192
- 101 对话内容要简明扼要 193
- 102 提供充分的文件资料 194
- 103 规避常见的失败因素 195

第13章 5个案例：详解热门行业的商业计划书内容 197

- 104 旅游类案例——爱尚旅行 198
- 105 餐饮类案例——小张蒸菜 203
- 106 医疗健康类案例——逸家 209
- 107 硬件类案例——智图 216
- 108 文娱类案例——怪咖秀 223

第 1 章

11 个要点，快速厘清商业计划书的基本信息

学前提示

在商业时代，商业计划书的重要性不言而喻，没有商业计划书，企业就无法融资，也就无法实现发展的根本目标。

本章主要针对商业计划书的基本信息进行了解和分析，梳理其中的基本内容。

要点展示

- ❖ 商业计划书的实质内容
- ❖ 商业计划书的重要作用
- ❖ 商业计划书的 VC 模式
- ❖ 制作商业计划书的注意事项
- ❖ 商业计划书如何进行路演
- ❖ 商业计划书的编写范文
- ❖ 商业计划书的主要类型
- ❖ 商业计划书的制作要点
- ❖ 谁需要用到商业计划书
- ❖ 优秀商业计划书的特点
- ❖ 商业计划书的参考模板

001　商业计划书的实质内容

商业计划书的本质就是一份书面材料，核心内容主要围绕功能或项目进行。商业计划书的提供方通常是公司、企业和项目单位，受众方则是潜在投资者、企业债权人和合作伙伴。商业计划书的内容主要是通过文字、图片等形式全面地展示公司或项目的现状、未来潜力等。

为了更好地体现商业计划书的重要性，提供方往往会为商业计划书设计一个简单的封面。如图 1-1 所示，为某个汽车文化主题公园项目的商业计划书封面，这种文字配图片的封面模式几乎适用于所有的商业计划书。

图 1-1　汽车文化主题公园项目的商业计划书封面

商业计划书的目的根据提供方的需求不同而有所变化，但常见的目的主要有如图 1-2 所示的 3 个方面。

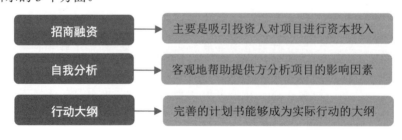

图 1-2　商业计划书的常见目的

无论商业计划书的最终目标如何，在商业计划书中都需要阐明一些本质内容，这些内容是商业计划书的核心框架。商业计划书的本质内容主要有 6 个方面，即项目产品、市场环境、企业团队、经营状况、发展方案和成长预期。

在本质内容中，项目产品是商业计划书存在的基础，一个优质的项目产品往往能够在第一时间赢得潜在投资人的认可。如图 1-3 所示，为某音箱商业计划书的项目产品介绍，通过具体的产品信息来打动投资人。

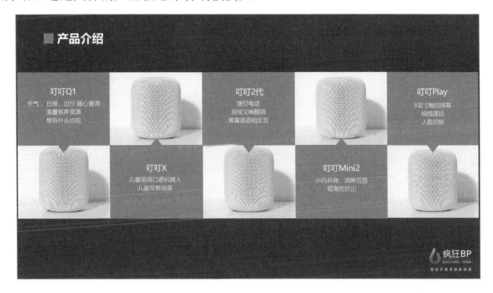

图 1-3　商业计划书的产品介绍

002　商业计划书的主要类型

了解了商业计划书的具体类型，才能够根据实际情况选择最适合的类型来完成写作，并达成目标。本节主要详解商业计划书的类型，并对不同类型的商业计划书的特色价值、步骤内容和实战案例进行分析。

1. 微型计划书

微型计划书就是商业计划书的微型版本，与商业计划书摘要存在一定相似度，但是两者有着很大的不同。如图 1-4 所示，为微型计划书的形成分析。

作为商业计划书的一种，微型计划书与其他类型的计划书在形式上有着明显的区别，同时在实际运作中也体现出了一定的特色价值，其特色如图 1-5 所示。

微型计划书的内容与商业计划书摘要大致相同，但是在细节侧重上有所不同，主要有 10 个方面内容，包括公司介绍、开发情况、团队说明、产品内容、市场说明、财务计划、营销战略、风险因素、融资情况和退出机制。

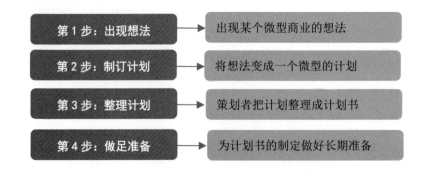

图 1-4　微型计划书的形成分析

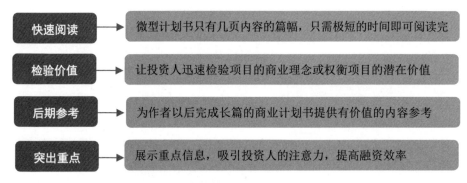

图 1-5　微型计划书的特色价值

与商业计划书摘要较为不同的内容主要在于财务计划方面，从投资人的角度而言，微型计划书的内容中必须要有较为详细的财务计划，才能够充分地展示投资之后的回报问题。

常规的商业计划书往往需要一个较长的创作时期，而微型计划书的完成只需要几个小时。为了快速完成目标，微型计划书可以按如图 1-6 所示的 5 个步骤进行框架建设，然后将内容填充完成。

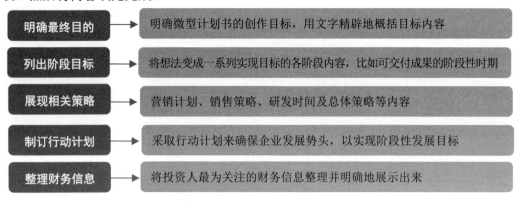

图 1-6　完成微型计划书的 5 个步骤

下面以××企业创业投资计划书为例,对微型计划书的实战模板进行介绍。

××企业创业投资微型计划书

一、公司介绍:企业组织形式、企业类型、公司的宗旨、公司简介资料、各部门职能和经营目标等。

二、团队说明:团队人员的组成、团队人员的质量、管理团队的完善、人员招聘与培训计划、人员管理制度等。

三、市场说明:市场现状及发展趋势、竞争对手分析、竞争对手的优劣势分析、自身产品的优劣势分析等。

四、开发情况:项目的进展情况、影响力情况、盈利与亏损情况、计划的执行情况等。

五、产品内容:产品名称及概念、性能及特色、质量控制、价格、目前市场产品规模、潜在市场等。

六、营销战略:销售计划、合销模式、执行战略、竞争策略、定价策略、渠道策略、整合传播策略等。

七、融资情况:出资情况、投资人信息、出资信息、项目融资需求、资金储备计划、资金偿还情况等。

八、财务计划:资金已有来源、资金预订来源、资金使用计划、行政管理费用、贷款计划等。

九、风险因素:市场风险、政策风险、资金风险等。

十、退出机制:股权退出、资金退出等。

2. 工作计划书

与其他类型的商业计划书主要面向外部人员不同,工作计划书是运作企业的工具,其目标群体主要是企业内部人员。

工作计划书的制定是为了更好地使企业获得发展,在此过程中需要先制定一个具体的计划书,然后由策划者完成工作计划书,最后将完成的工作计划书提供给企业内部人员使用,从而服务于企业的发展。

工作计划书的要求和内容与其他商业计划书存在较大不同,获得投资并不是工作计划书的重点,其目标是对企业数据、规定、计划等方面进行整理分析,并为企业内部人员提供一个明确的指导意见。

作为商业计划书中唯一一类面向企业内部人员的计划书,工作计划书的特色价值十分突出,在具体的企业发展运作中不可缺少。如图 1-7 所示,为工作计划书的特色价值主要体现的 4 个方面。

工作计划书的内容主要是一个企业在一段时期内的发展和工作计划,其中在固定时期内需要完成的任务和应当达到的工作指标是中心内容。

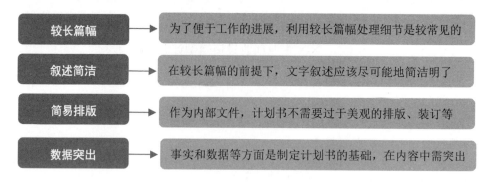

图 1-7　工作计划书的特色价值

为了使工作计划书的内容能够达到预期的效果,在制定工作计划书时需掌握如图 1-8 所示的 5 个原则。

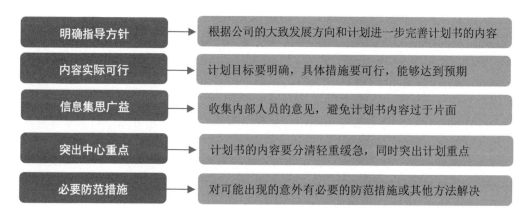

图 1-8　制订工作计划书时需掌握的 5 个原则

工作计划书的具体步骤内容与其他商业计划书不同,细节侧重的重点也不一致,具体细节有 8 个方面的内容,即企业情况分析、工作任务内容、工作要求规定、具体工作方法、详细工作步骤、必要工作措施、预订工作目标、防范措施分析。

在工作计划书的实际应用中,为了提高工作效率,计划书内容并不需要全部按照具体步骤进行,而是围绕工作内容、工作方法、工作分工和工作进度这 4 个方面进行,但内容需要根据情况进行适当的细化。

下面以××企业工作发展计划书为例,对工作计划书的实战模板进行介绍。

××企业工作发展计划书

一、**企业情况分析**:企业组织形式、企业类型、公司的宗旨、公司简介资料、各部门职能和经营目标等。

二、**工作任务内容**:一类是针对岗位任务而进行的常规性、重复性任务,主要是以部门任务进行区分,比如,月度工作任务要求等。除此之外就是根据企业发展而制定的额外工作任务要求，工作计划的各个时期、各个阶段内容都不同。

三、**工作要求规定**：岗位规范、文件保管、工作汇报、形象要求、语言规范、会议要求、工作细节要求等。

四、**具体工作方法**：逐步完成法、先易后难法、细节观察法、工作实践法、访谈法、问卷调查法等。

五、**详细工作步骤**：目的分析、地点分析、顺序分析、人员分析、方法分析、制定工作流程等。

六、**必要工作措施**：提升企业人员水平、进行计划准备、各环节会议、具体细节探讨等。

七、**制定工作目标**：明确计划的最终目标是什么，可以在多长的时间内达成什么效果等。

八、**防范措施分析**：风险的界定、工作开展的细节要求、内控机制执行、岗位职能划分、管理流程清晰程度、资金使用的明细、管理框架体系、执行力度分析、风险文化建设等。

3. 电子计划书

电子计划书就是商业计划书的电子版，随着网络的发展，互联网模式下的商业计划书以其便利性和快捷性深受大众喜爱。

电子计划书的制定，是为了便于信息的传递，它需要先通过互联网完成电子版的制定，将商业计划书录入，从而制作一个电子计划书，实现信息的便捷传递目标。电子计划书的广泛应用在于其具备的特色价值符合大众需求，目前互联网生活已经深入人心，大众习惯使用网络的方式来查看电子信息。如图 1-9 所示，为电子计划书的特色价值主要体现的 4 个方面。

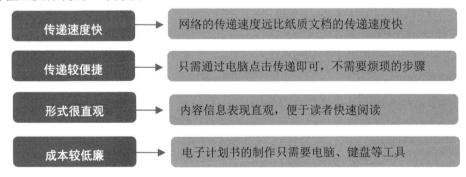

图 1-9　电子计划书的特色价值

电子计划书的详细步骤内容与商业计划书是一致的，但是与微型计划书存在一定的差异，尤其是电子计划书上的内容摘要部分是微型计划书所没有的。电子计划书的页数一般在 20 页以上，具体内容大致分为 8 个步骤：计划书摘要、企业信息介绍、产品项目介绍、团队人员介绍、市场预测内容、营销策略分析、生产制造计划、财务规划分析。

在电子计划书的摘要部分，内容往往较为简洁。

以"有young3D打印软件项目商业计划书"为例，对电子计划书的部分内容进行展示。如图1-10所示，为电子计划书的项目简介内容。

有young3D打印软件项目商业计划书

【项目简介】

有young3D打印软件满足了年轻人缓解生活压力，增添生活趣味的需要；同样也满足了普通人群的猎奇心理和创作渴望，并且能够满足年轻人和普通人群简单的3D打印产品购买、售卖的需要。有young3D打印软件项目将社交网络、电子商务、个性定制与三维图像处理技术等运用于3D打印行业，打造一个"人人都是设计师"的微平台。

图1-10　电子计划书的项目简介内容

产品特色往往是电子计划书中至关重要的内容，也直接决定了能否引起投资人的投资兴趣。如图1-11所示，为电子计划书的产品特色内容。

图1-11　电子计划书的产品特色内容

与产品特色同等重要的是市场分析，产品的优秀并不能让产品在销售期直接产生销售利润，市场才是决定产品是否有销路的关键因素。

003　商业计划书的重要作用

有些初创公司的创业者会认为，我不融资也不打算上市，那么就没有要写商业计划书的必要了。如果创业者认为商业计划书只有大公司才需要写，那就大错特错了。

初创公司相比大公司而言，更需要一份优秀商业计划书来吸引投资者，它不仅是给投资人看的，也是给创业者自己看的，它对公司的发展思路会进行一个清晰的脉络梳理，这也是提倡商业计划书一定要精化书写的原因之一。以下分为3个部分对商业计划书的作用进行分析。

1. 厘清商业模式和关键点

一份优秀的商业计划书是初创企业成功开始的第一步。在企业创业之初，必须要进行大量的准备，比如行业状况、项目优势、产品受众等，都是企业必须了解的情况。除此之外，企业发展应该采用什么样的商业模式、这一模式的优缺点有哪些、采用这一模式应该考虑什么关键问题等，都是创业者不得不思考的重点。

对于初创公司的创业者来说，商业计划书可以帮助其理顺商业模式与关键点。中国有句古话："当局者迷，旁观者清。"从外部的角度看自己的商业计划书更能有效地发现之前发现不了的问题，同时也能开阔思路，获得更多更好的想法。商业计划书能够帮助企业对其发展思路、商业模式进行一个明晰的梳理，并将发展过程中的关键点整理出来，从而成为企业在创业这条道路上前进的助推器。

企业通过商业计划书厘清思路，必须要注意商业计划书中常常出现的 7 个普遍性问题，即**抄袭、死板、特色不明显、逻辑混乱、缺乏数据、针对性不强、分析问题太宽泛**。如果发现自己的商业计划书出现了以上问题，企业应该及时修正，否则将很难理顺自己的商业模式。

2. 打动风投并顺利融到钱

初创企业的创业者在编写商业计划书之前，一定要了解到投资商希望从商业计划书中了解什么，这样计划书写起来才更有针对性。千万不要在网上搜出一大堆的计划书模板，不管合不合适就往上套。

美国的投资人将投资的核心理解为：投资其实更是投人，强调创业者和创业团队的重要性。中国投资人则认为，不仅是人，企业的业务现状同样重要，在众多的项目投资申请中，处于发展期的项目更容易获得投资者的青睐。VC(风险投资)看商业计划书主要是想了解：企业的生意做得好不好？创业团队行不行？具体来说，初创企业的商业计划书要告诉 VC 3 个问题的答案。

(1) 企业的发展状况如何。
(2) 创业者的经历和基本素质与才能以及企业的合伙人和顾问团队如何。
(3) 我为什么要投资。

上面这 3 个问题是投资人快速筛查、决定投资项目的有效方法。如果初创企业的商业模式已经被验证、市场容量巨大、模式新颖有特色、市场占有率稳居第一、团队能力强并且没有不良记录。那么，你的公司何愁拿不到 VC 的投资。

3. 鉴识盲点，增强表达与叙述

创业者在商业计划书中需要着重阐述清楚的就是产品、商业模式、团队情况、营销方案、公司运营、产品的竞争优势和市场对产品的需求程度。为了杜绝信息存在盲点，创业者在撰写商业计划书时可以先列出一个大纲，把每个章节主要内容的关键字先写下来，在内容无盲点的基础上，再进一步增强叙述与表达，及早发现问题，进行事先控制，早发现早解决，防微杜渐地去掉一些不可行的项目，进一步完善可行性强的项目，从而增大初创企业的创业成功率。

004　商业计划书的制作重点

根据商业计划书的具体内容而定，商业计划书的页数往往在 40 页左右，太过冗长的商业计划书会让阅读者失去耐心，太过简短的商业计划书又无法有效地说服阅读者。在制作商业计划书的具体过程中，写作内容主要分 4 个阶段完成，如图 1-12 所示。

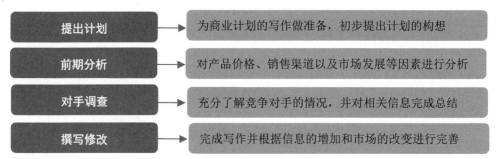

图 1-12　写作中 4 个阶段的相关内容

这 4 个阶段的内容都是商业计划书的制作要点，但在具体的写作中还需要进一步地细化各个阶段的内容。整体而言，商业计划书的制作要点分为商业计划书的基本要点、商业计划书的摘要撰写以及商业计划书的内容更新 3 个部分。

1. 商业计划书的基本要点

商业计划书的基本要点主要包括 10 个方面的内容，即内容分析、项目概要、资金估算、公司介绍、项目效益、项目分析、市场分析、发展战略、项目介绍以及项目管理。

2. 商业计划书的摘要撰写

商业计划书的摘要部分是潜在投资人首先会看到的文字内容，因此，摘要部分应做到浓缩精华信息、突出核心内容、摘要信息全面 3 个特征，这样做可达到快速传达信息、提升读者兴趣和展示整体信息的效果。

为了便于阅读者快速地获得相关信息，商业计划书的摘要篇幅一般控制在 2000 字左右，主要包括公司概述、研究开发、产品服务、团队情况、行业市场、营销策略、资金说明、退出机制 8 个方面的内容。

3. 商业计划书的内容更新

互联网的快速发展，很容易让原有的信息出现过时的情况，所以及时地保持商业计划书的内容更新也是制作的要点之一。对于需要融资的企业而言，往往需要在一段时间之后就对商业计划书进行一次更新。

如图 1-13 所示，为促使商业计划书进行内容更新的外部因素。

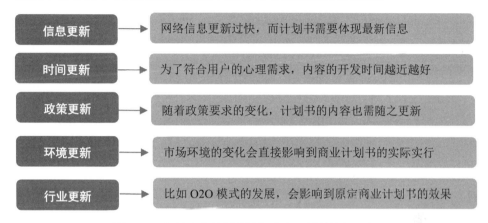

图 1-13　促使商业计划书进行内容更新的外部因素

005　商业计划书的 VC 模式

获得风险投资是大部分商业计划书的主要目标，作为融资模式的一种，风险投资与其他融资模式有着不同的意义。风险投资主要分为广义和狭义两种范围上的区别，如图 1-14 所示，为两者的具体内容分析。

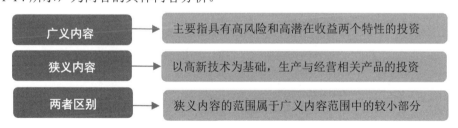

图 1-14　两者的具体内容分析

下面从 3 个不同的角度，对风险投资的具体内容进行分析，以方便读者快速了解商业计划书的风险投资。

1. 风险投资的运作独特性

风险投资的兴起与国家经济的快速发展有着直接关系，作为后起之秀的融资模式，风险投资在具体运作上存在一定的独特性。

要了解商业计划书的制作，首先需要对风险投资有一定的认识。如图 1-15 所示，为风险投资的独特性分析。

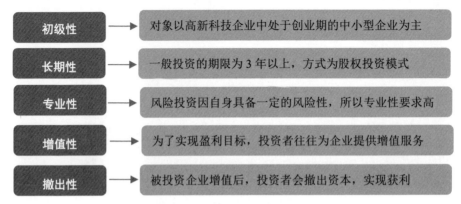

图 1-15 风险投资的独特性分析

需要注意的是，在部分项目中，为了保障被投资企业的正常发展，投资人往往也对被投资企业以后各发展阶段的融资需求予以满足，这与其他一次性的融资模式存在较大不同。但不是所有的风险投资都会如此，种子期的风险投资就往往不会有持续性的投资。

2. 风险投资的流程相关性

风险投资的具体过程有实际的步骤，主要分为 5 个方面。如图 1-16 所示，为具体步骤的内容分析。

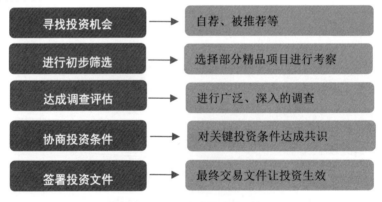

图 1-16 具体步骤的内容分析

3. 风险投资的要素具体化

在整个风险投资的实施行为中，主要有风险资本、风险投资人、风险投资对象、投资期限和投资方式 5 个要素。下面针对这些组成要素进行简单分析。

(1) 风险资本。如图 1-17 所示，是对风险资本相关内容的具体分析。

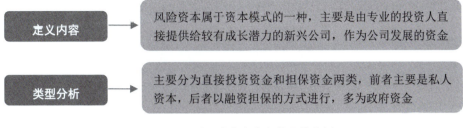

图1-17 对风险资本内容的具体分析

(2) 风险投资人。如图1-18所示，是对风险投资人相关内容的具体分析。

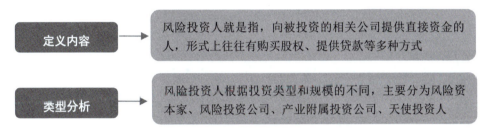

图1-18 对风险投资人相关内容的具体分析

(3) 风险投资对象。如图1-19所示，是对风险投资对象相关内容的具体分析。

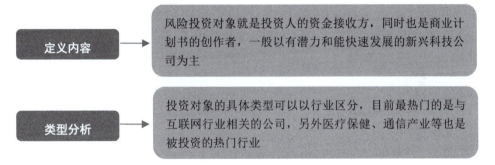

图1-19 对风险投资对象相关内容的具体分析

(4) 投资期限。如图1-20所示，是对投资期限内容的具体分析。

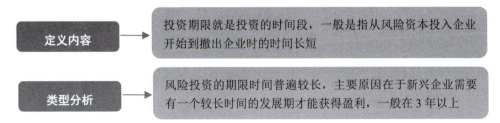

图1-20 对投资期限相关内容的具体分析

(5) 投资方式。如图 1-21 所示，是对投资方式相关内容的具体分析。

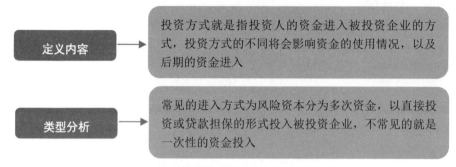

图 1-21　对投资方式相关内容的具体分析

006　谁需要用到商业计划书

商业计划书是一个全方位的项目计划，正是因为如此，许多企业在吸引资金的过程中通常都会编写商业计划书。

那么，谁需要编写商业计划书呢？通常来说，商业计划书主要由以下 3 个群体来编写。

1. 创业者

对于创业初期缺乏人手的大部分创业者来说，编写商业计划书通常都需要自己上阵。但是，因为大多数创业者没有编写商业计划书的经验，所以，要编写一份合格的商业计划书是有难度的。

2. 公司职员

一部分中小企业为了更好地获得发展，也会通过编写商业计划书来吸引投资。在这一部分企业中，人手相对比较充足，因此，商业计划书的编写通常不是企业创始人亲自上阵，而是交给文员、财务等公司职员来负责。

3. 第三方机构

编写商业计划书是一个系统的工程，而且大多数企业创始人和公司职员编写商业计划书的水平相对有限，这便让商业计划书的编写变成了一个费时费力的工作。因此，一些企业会选择将商业计划书的编写工作交给代写等第三方机构，让商业计划书的编写工作更好、更快地完成。

007　制作商业计划书的注意事项

一份完善的商业计划书能够帮助创业者分析计划实施过程中可能存在的主要影响

因素，也会使商业计划书具有指南的作用，那么，能否写好一份商业计划书是从某方面体现创业者的素质。

同样，关于撰写 BP，有一条黄金法则不容忽视，潜在支持者的每一个关键问题在商业计划书中都必须能找到解决的办法。面向投资人撰写商业计划书时，有以下 7 个问题是值得众多创始人和公司职员应特别注意的。

1. 证明自己了解市场需求

对微观经济环境的深入理解对于一个优秀的商业计划有着重要的意义。所以需在商业计划书中展示出市场中所有推动需求上升或下降的关键因素。

2. 使用合理数字

商业计划书中的财务预测应简单明了，让投资人一眼能看出企业能否盈利。不需要复杂详细的电子表格，制作一些图表可更快地传递关键信息。

3. 展示项目的特别之处

在清晰地描绘市场之后，就应该在计划书中向投资人展示出你的业务是如何适应市场的，如：你的可持续性竞争优势、为什么你的想法与众不同、你为什么可以为投资人带来有吸引力的回报。

4. 正视风险

项目风险是投资人最关心的问题之一，所以在计划书中不用害怕直面这个问题。向投资人展示企业所面临的风险，如：来自市场需求、竞争、战略定位、资源配置等方面的问题，并且提出减轻和避免风险的对应解决方案，甚至在可能的情况下如何让投资人得到保障。

5. 时刻记住目标受众

商业计划书的内容都应该针对目标受众，确定潜在支持者可能关心什么，并着手解决问题。

6. 做好未来可能需要的资源准备

只要有大目标，便会需要更多资源以及帮助，准确地列出可能需要的资源和伙伴关系，包括场地、设备、雇员、经理、供应商、顾问、代理商和分销商等，并预测这些资源需求的增长率。

7. 不隐瞒、重诚信

当投资人对业务感兴趣并打算给予支持时，他们会尽职尽责地与客户、员工甚至竞争对手交谈。在这个过程中会不可避免地揭露一些不利消息，因此不要试图掩盖坏消息。当投资人自己去发现这些不利信息时，信任就会崩塌，甚至会失去合作伙伴。

008　优秀商业计划书的特点

一份优秀的计划书能帮助创业者吸引到投资人的目光，更迅速地获得融资，但一份普普通通、毫无特色的商业计划书，即使它的项目本身再好，都有可能会销声匿迹。那么，一份优秀的商业计划书应具备什么样的特点呢？具体如下。

1. 会讲故事

在商业计划书中可以简单地讲述创业者的创业故事，介绍一下自己，做了什么事。创业者在筹备商业计划书遇到困难时，不妨先来处理相对容易的讲故事环节，回顾创业中的艰辛与成果。故事中蕴含的思想对于制定商业计划书也有着重要的意义。

一个饱满流畅的商业故事应具备 3 个内容，如图 1-22 所示。

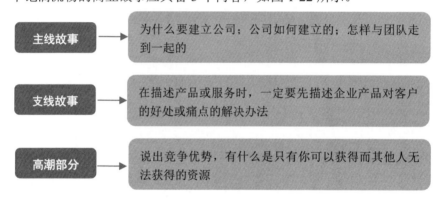

图 1-22　商业故事内容

怎么才能讲好自己的故事呢？除了饱满流畅的故事内容外，还有以下 3 个小技巧。

(1) **切忌煽情**。投资人不是慈善家，不会因为你的悲惨经历而认同你的产品和理念，所以，以平实的语言叙述即可。

(2) **说出你能创造的价值**。换一种说法就是向投资人讲解项目的市场需求，语言要简单、朴实，不需要做文采斐然的文学家。

(3) **你的亮点是什么**。这一点并非让你列举产品超高的技术门槛，而是要说明创始人专注的是什么。创始人所专注的事会潜移默化地影响到企业文化、招募以及人才流失的能力。

如果能在商业计划书中体现出这些，同样会影响到投资人。好的商业故事必须立足于事实，投资人在投资企业时会看重企业创始人和管理者的能力，要让投资人在字里行间感受到企业的创造者是诚实可信的，是可以使企业做大做强、能为投资公司取得丰厚利益的有才之士。

2. 以投资人的视角制作计划书

一份商业计划书的第一个投资人其实就是自己。创业者要从投资人的视角制作商业计划书，并且在写完之后进行换位思考：如果我是职业投资人，这份商业计划书对我有没有吸引力？我会为这份商业计划书买单吗？这需要创业者以投资人的思考模式来思考问题，了解投资人及其投资基金的诉求和周期，分析投资人的投资习惯。

一般来说，投资人通常会有 5 种思维模式，即**正向思维模式、逆向思维模式、本质思维模式、系统思维模式、倒推思维模式**。除此之外，投资人在长期从事该行业后会形成本能的思维模式，对什么样的公司有一个本能的判断。但无论何种思维方式，投资人的出发点永远不会变，那就是赚钱。创业者可以学习投资人的思维模式，让计划书符合投资人的口味。

3. 计划书的编写时间

许多人在编写商业计划书之前都会有一个疑问，那就是什么时间开始编写商业计划书比较好。在笔者看来，最适合的时机就是想法萌生的时机。

为什么这么说呢？主要有两个原因，第一，既然有了编写商业计划书的想法，就说明已经有了初步的目标。而目标明确了，那么商业计划书也就有了方向；第二，商业计划书的编写是一个系统的工程，从初步编写到修改完成，往往需要一段比较长的时间。而从有想法就开始编写，能够让我们有更多的时间和精力用于商业计划书的编写。

4. 计划书的页数

一部分人在编写商业计划书的过程中可能存在一个误区，认为商业计划书的页数越多，包含的内容越详尽，就说明商业计划书的编写越用心。其实，这种想法有些过于绝对了。

商业计划书的投递和应聘时的简历投递有着类似之处，投资人可能同时要查看多个商业计划书，而真正用于查看内容的时间是比较有限的。这就直接导致许多人花了大量时间和精力编写了商业计划书，投资人可能还没有看到重点内容就直接作出了决定。

因此，与其一味地增加内容，写几十页的商业计划书，不如重点突出商业计划书中的关键信息，让投资者在有限的时间内看完你的商业计划书。在笔者看来，商业计划书的页数最好控制在 15 页以内。

5. 计划书的格式

商业计划书的常见格式主要有两种，即 PPT 和 Word。那么，我们在编写和制作商业计划书时，选择哪种格式比较好呢？

其实，每种格式各有其优缺点，并不能说哪种格式更好一些。我们在选择商业计划书的格式时，需要做的就是了解每种格式的优缺点，并根据自身需求从中选择最适合的格式。

通常来说，PPT格式排版相对简单、表现力相对较强，且受众更容易把握重点。或许正是因为如此，大多数投资人更喜欢PPT格式的商业计划书。

Word作为广泛使用的文档形式，会给人感觉比较正式，同时，Word格式适合大量文字的排版，能够更详尽地展示相关信息。

009 商业计划书如何进行路演

商业计划书路演就是将商业计划书更好地传达给投资人，加深投资人对商业计划书的理解。路演的主要表现形式是演讲。关于什么才是好的演讲这个问题，笔者觉得应该在演讲前面添加两个字——创意。

在这里笔者给大家分析一下什么是创意演讲？所谓创意演讲，我们要理解这4个字的真正含义。

创：代表创作。意思是我们要创作什么样的剧本？能否成为大作？这两个问题点很重要。

意：代表意思。你想表达什么样的意思？这种意思是否有意义？这两个问题点也很重要。

演：代表演示。你要通过你的肢体语言把它演示出来，每个肢体动作都应该能够表述其意思。

讲：代表讲义。通过你的口述把你创作的有意思的剧本讲出来，就像讲故事一样，让观众入迷、入戏、入心、入神。

笔者认为如果能够真正理解和做到"创意演讲"这4个字的人，演讲能力都不会太差。

那么，具体如何更好地进行商业计划书路演呢？这一节笔者将通过对路演的相关内容进行解读，帮助大家快速掌握商业计划书路演的诀窍。

1. 路演的步骤

有的人认为商业计划书路演就是单纯地把商业计划书展示给投资人。这种想法是错误的。如果只是把商业计划书从头到尾讲一遍，那投资人直接看你的商业计划书就好了，为什么还要浪费时间来看路演呢？

一般来说，如果进行路演，是要另行准备PPT文件的。这主要是因为商业计划书的内容相对来说是比较详尽的，如果单纯地把商业计划书讲一遍，可能需要比较长的时间。而路演的演说时间通常只有5分钟左右，因此，路演PPT需要对商业计划书的内容进行提炼，将投资人重点关注的内容讲清楚。

那么，具体如何进行路演呢？对此，我们需要了解路演的具体步骤，将重点内容熟记于心。通常来说，商业计划书路演的一般步骤如图1-23所示。

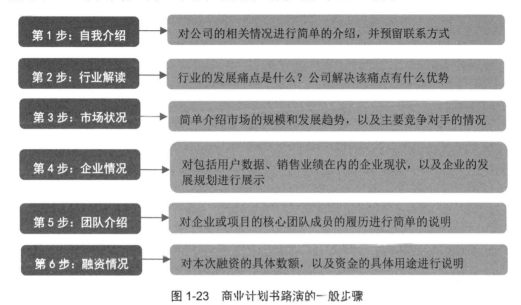

图1-23 商业计划书路演的一般步骤

2. 路演的准备

路演是影响融资结果的重要因素之一，因此，为了使路演获得更好的效果，增加融资的成功率，还需要对路演进行必要的准备。通常来说，路演的准备主要需要做好以下3个方面的工作。

1) 人员确定

因为路演涉及的相关人员比较多，所以，为了让路演高效、有序地进行，必须尽早确定具体人员。尤其是路演的演说者和问题的回答者，这部分人是需要直接面对投资人的，尽早确定能让其在心理上有一个准备。

2) 内容准备

路演的内容主要包括：路演PPT、演讲稿、投资人的提问预测和回答，以及其他需要提交的书面和电子资料。

需要特别注意的是，为了避免出现语塞，一定要对投资人可能会询问的问题尽可能全面地考虑进去。同时，为了给投资人留下好的印象，回答问题时表达应尽可能地简洁、准确。

3) 路演排练

路演包含了多个具体的环节，而且演说者和问题回答者也需要熟记相关资料，并将相关内容熟练、顺畅地作出表达。所以，在路演开始之前，有必要进行反复的排练。这一方面能够让相关人员更好地进入角色；另一方面也能更好地把控路演的整体节奏，让路演更完美地进行。

3. 路演的技巧

路演的技巧可以从演说和问答两个环节分别进行把握。

1) 演说技巧

在演说的过程中，需要重点做好如下 4 个方面的工作。

提前等候。路演演说者和问题回答者一定要提前进入路演现场，一方面可以给投资者留下良好的印象；另一方面也能提前熟悉现场，为熟记路演的相关资料预留一定的时间。

注重礼仪。中国是礼仪之邦，在正式场合中，对礼仪尤其需要重视。一般来说，上台后诚恳致谢、面带微笑地进行表达，都是路演过程中的基本礼仪。

自信表达。无论是演说，还是回答投资人的问题，都必须让投资人看到你的自信。要做到这一点，除了对企业和项目的信心之外，还需要熟记相关资料，流畅地进行表达。

控制时间。对于投资人来说，时间就是金钱，而且投资人可能需要在某一段时间内同时观看多个路演。所以，一定要在路演前进行排练，把控好路演的节奏。如果时间不够，可以适度地将部分不太重要的内容略过。

2) 答问技巧

路演的演说完成之后，一般还需要回答投资人的相关问题。在回答问题的过程中，需要掌握以下 3 个技巧。

有序回答。部分企业为了更好地应对投资人的提问，可能会安排多个人回答问题。这虽然能够在一定程度上避免无人回答问题的尴尬，但是，因为有多个问题回答者，所以，如果不能有序地回答问题，也有可能出现多人同时作答，或者同时沉默的情况。

直面问题。对于投资人的问题，一定要正面进行回答。这既是自信的一种表现，也是熟悉专业知识和企业情况的一种表现。

简单扼要。回答问题时，应该尽可能地简单、准确。如果过于啰唆，投资人可能会对企业和相关团队的能力产生疑问。

010 商业计划书的参考模板

商业计划书的编写就好比是建造一所房子，除了明确所用的材料和基本的机构之外，还需要对外形进行必要的设计，让其更具观赏性。对于商业计划书编写经验相对缺乏的人群来说，自行设计商业计划书是难度比较大的。

此时，可以从第三方网站中寻找一些参考模板。目前，提供商业计划书模板的第三方网站还是比较多的。下面笔者就以"疯狂 BP"为例，对使用模板编写商业计划书的步骤进行具体说明。

步骤01 在浏览器中输入"疯狂BP",进入其官方网站。单击官方网站上方的"模板"按钮,如图1-24所示。

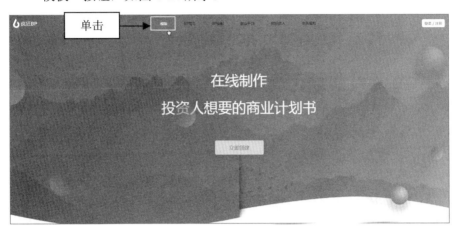

图1-24 单击"模板"按钮

步骤02 操作完成后,进入"网站推荐模板"界面,将鼠标停留在对应模板上会出现"创建"按钮,单击该按钮,如图1-25所示。

步骤03 操作完成后,进入如图1-26所示的"微信扫码进行注册/登录"界面。打开手机微信,通过"扫一扫"功能扫描图中的二维码。

步骤04 通过微信授权登录(未注册账号的可以根据页面提示进行注册),完成操作后,进入如图1-27所示的"我的BP"界面。

图1-25 单击"创建"按钮

步骤05 单击"我的BP"界面中的"模板"按钮,重复步骤02,便可进入如图1-28所示的商业计划书模板界面。

图 1-26 "微信扫码进行注册/登录"界面

图 1-27 "我的 BP"界面

图 1-28 商业计划书模板界面

该界面中可以对模板内容进行调整，进行商业计划书的编写工作。商业计划书编写完成后，单击界面上方的"导出"按钮。

步骤06 操作完成后，进入如图 1-29 所示的文件类型界面，在该界面中选择文件的类型，单击下方的"下载"按钮。

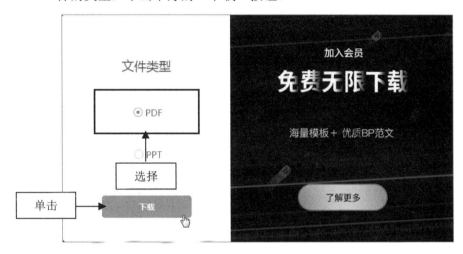

图 1-29　单击"下载"按钮

步骤07 操作完成后，进入如图 1-30 所示的"新建下载任务"界面。在该界面中设置下载位置；单击下方的"下载"按钮。只要网速没有问题，商业计划书便可以下载至指定位置。

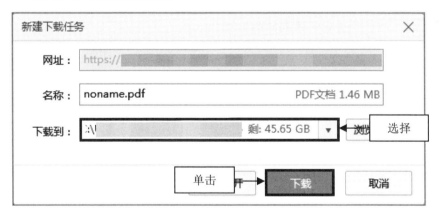

图 1-30　单击"下载"按钮

011　商业计划书的编写范文

部分创业者因为没有商业计划书的编写经验，所以在真正开始编写时，可能会觉得无从下手。这种情况最好的解决方式就是查看商业计划书范文，从他人的商业计划书中获取经验。

那么，如何查看商业计划书的范文呢？下面笔者就以"疯狂 BP"为例进行具体的说明。

步骤01 在浏览器中输入"疯狂 BP"，进入如图 1-31 所示的官方网站界面。单击界面中的"BP 范文"按钮。

步骤02 操作完成后，进入如图 1-31 所示的"商业计划书范文"界面。在该界面中选择需要查看的范文。

图 1-31 "商业计划书范文"界面

步骤03 操作完成后，进入如图 1-32 所示的范文展示界面。

图 1-32 范文展示

如果想要单独查看某页内容,只需单击对应页面,系统便可以有针对性地进行呈现,如图 1-33 所示。

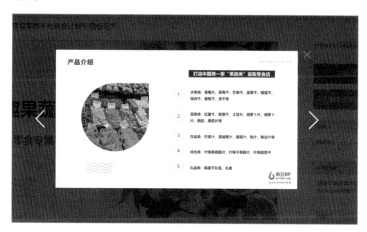

图 1-33　针对性地呈现某页内容

另外,许多第三方网站中的范文都是可以下载的,但是,大部分范文都需要成为平台会员或支付一定的费用才能下载。如果大家觉得有必要,可以选择自己需要的范文进行下载。

第 2 章

9个事项，全面了解商业计划书的重点内容

学前提示

前面一章提到过商业计划书的重要性，完成了相关内容的创作之后，还需要对所有内容进行精简，将信息归纳作为各重要部分的内容。

本章主要针对商业计划书中的重点内容进行了解和分析，展示其中重要信息内容以及部分实际案例。

要点展示

- ❖ 封面内容设计
- ❖ 行业市场分析
- ❖ 产品信息呈现
- ❖ 营销计划说明
- ❖ 项目风险因素
- ❖ 摘要内容撰写
- ❖ 企业团队展示
- ❖ 盈利模式解读
- ❖ 财务计划解读

012 封面内容设计

商业计划书的封面就如同整份计划的门面担当,一份美观、简洁的封面能使人眼前一亮,下面详细介绍关于封面内容的设计。

1. 封面的文字内容

在商业计划书中,投资人首先看到的是计划书的封面,封面一般包括:公司名称、项目名称、联系人以及联系方式等内容。结合实际情况联系方式可以省略,一般情况下还可以添加公司或个人的二维码、公司 logo、公司标语以及日期等几项内容。除此之外,不建议再添加其他信息。如图 2-1 所示,为常见的商业计划书封面内容。

图 2-1　常见的商业计划书封面内容

大多数人都会倾向于横向排版,因为这样比较符合人们的阅读习惯。文字大小可以根据版面设计调整。一般字体的大小选择为:项目名称最大、公司名称其次、个人姓名最小。当然,纵向排版的方式也是可取的,但纵向排版对版面的设计要求稍高,建议经验不够丰富的人尽量不要使用这种排版方式。如图 2-2 所示,为某果蔬类零食销售计划书封面内容。

2. 封面的颜色设计

封面的颜色设计分为字体的颜色和封面的背景颜色两方面。封面字体常用的颜色有蓝色、黄色、红色、黑色和白色,这几种颜色的打印效果和 PPT 放映都十分清晰,是较为保守的选择。

而封面背景色则应结合方案的类型来选择,通常会选择与项目匹配的图片作为底稿,而不是单一的颜色。如图 2-3 所示,为某水果蔬菜电商平台的商业计划书,选择了白色为基调，再搭配设计稿样图，简单清晰，吻合主题。

图 2-2　某果蔬类零食销售计划书封面

图 2-3　某水果蔬菜电商平台计划书封面

3. 封面与正文的搭配

如果说封面是"开胃菜"，那么正文部分就是"主菜"了。封面和正文的内容必定是相互关联的，风格必须统一，从而达前后呼应的目的。但同时又有主次关系，是相互制约的，封面的色彩可以尽量丰富，因为文字少，所以可以将字体放大到不影响阅读体验的效果。但正文的色调要尽量简单，不能喧宾夺主，尽量让阅读者的视觉停留在文字内容上面。

4. 封面选题的重要性

封面的文字不能太多，但是又要一目了然，突出内容，这样对选题命名就有一定的要求了。封面主题必须概括出整个商业计划书的中心思想，换言之，就是让大家能一眼就看懂整个商业计划书的重点，从而达到吸引眼球的目的。封面不是独立的，必须与后面的正文相呼应，这点是很多创业者在制作商业计划书时容易忽略的。如图2-4所示，为某女装共享衣橱商业计划书封面。

另外，封面如果需要上传二维码，应用个人微信公众号形式，不建议上传私人使用的微信二维码。

图2-4　某女装共享衣橱商业计划书封面

013　摘要内容撰写

商业计划书的摘要部分是潜在投资者首先会看到的文字内容。**在具体的商业计划书内容中，计划书的摘要内容往往列在最前面，是整个商业计划书内容的精华。**为了确保商业计划书摘要的准确性，一般在创作时将其作为商业计划书的最后环节来完成。如图2-5示，为关于摘要部分重要性的具体分析。

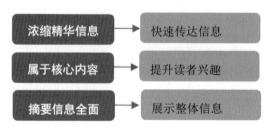

图2-5　关于摘要部分重要性的具体分析

为了便于阅读者快速地获得相关信息，商业计划书的摘要篇幅一般控制在2000字左右。主要包括8个方面的内容，即公司概述、研究开发、产品服务、团队情况、行业市场、营销策略、资金说明、退出机制。

大部分摘要的基本流程是一致的，但是，根据行业、市场、企业和团队具体情况的不同又分为多种不同的具体摘要流程。以下将分别介绍常见的3种摘要内容形式案例。

1. 摘要案例分析

1) 重点版摘要案例

重点版摘要常出现在规模较小的企业的商业计划书中，融资目标往往较低，摘要的内容以两到三个核心重点为主。如图2-6所示，为重点版摘要案例的具体内容。

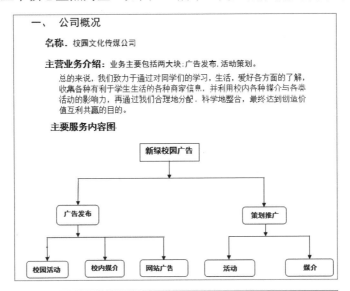

图2-6 重点版摘要案例的具体内容

2) 概括版摘要案例

概括版摘要常见于初创企业自主完成的商业计划书,通过对全部内容的概括性说明来展示计划书的基本内容。如图 2-7 所示,为概括版摘要案例的具体内容。

1. **公司基本情况**(公司名称、成立时间、注册地区、注册资本、主要股东、股份比例、主营业务、过去三年的销售收入、毛利润、纯利润、公司地点、电话、传真、联系人)(如无成立公司,则不用填写)

2. **主要管理者情况**(姓名、性别、年龄、籍贯、学历/学位、毕业院校、政治面貌、行业从业年限、主要经历和经营业绩)

3. **产品/服务描述**(产品/服务介绍、产品技术水平、产品的新颖性、先进性和独特性、产品的竞争优势)

4. **研究与开发**(已有的技术成果及技术水平、研发队伍技术水平、竞争力及对外合作情况、已经投入的研发经费及今后的投入计划、对研发人员的激励机制)

5. **行业及市场**(行业历史与前景、市场规模及增长趋势、行业竞争对手及本公司竞争优势、未来 3 年市场销售预测)

6. **营销策略**(在价格、促销、建立销售网络等各方面拟采取的策略及其可操作性和有效性、对销售人员的激励机制)

7. **产品制造**(生产方式、生产设备、质量保证、成本控制)

8. **管理**(机构设置、员工持股、劳动合同、知识产权管理、人事计划)

9. **融资说明**(资金需求量、用途、使用计划、拟出让股份、投资者权利、退出方式)

10. **财务预测**(前3年及未来 3 年或 5 年的销售收入、利润、资产回报率等)

11. **风险控制**(项目实施可能出现的风险及拟采取的控制措施)

图 2-7 概括版摘要案例的具体内容

3) 细节版摘要案例

细节版摘要主要由专业的商业创作团队完成,其中摘要部分的内容目录与正文的内容目录基本类似。具体如图 2-8 所示,为细节版摘要案例的具体内容。

2. 摘要内容的问题回答

在商业计划书中,摘要内容的直接作用就是向投资人展示重点信息,需要注意的是,为了达成这个目标,创作者在创作摘要内容时需要尽可能地回答 19 个问题,如表 2-1 所示。

```
摘要
1. 执行总结
    1.1 项目背景
    1.2 目标规划
    1.3 市场前景
2. 市场分析
    2.1 客户分析
    2.2 需求分析
    2.3 竞争分析
       2.3.1 竞争优势
       2.3.2 竞争对手
3. 公司概述
    3.1 公司
    3.2 总体战略
    3.3 发展战略
       3.3.1 初期战略
       3.3.2 中期战略
       3.3.3 终期战略
    3.4 人力资源组织
    3.5 财务管理制度
4. 组织管理体系
    4.1 组织机构
    4.2 部门职责
    4.3 管理模式
5. 投资策略
    5.1 股份募资
    5.2 项目融资
6. 营销战略
    6.1 营销目标
    6.2 营销模式
    6.3 产品流动模式
7. 财务分析
    7.1 营业费用预算
    7.2 销售预算
    7.3 现金流量表
    7.4 盈亏分析
8. 风险分析
    8.1 机遇
    8.2 风险及策略
9. 退出策略
```

图 2-8 细节版摘要案例的具体内容

表 2-1 创作者在创作摘要内容时需要尽可能地回答 19 个问题

问题内容中心	问题描述
团队问题	团队在整体上属于哪种类型的潜力股？其突出特色是什么？
	现有的团队中是否拥有已有成功经验的团队成员？
	团队成立的根本原因和目标是什么？
	投资人一定要给你融资的理由有哪些？
市场问题	产品或服务进入市场有什么初步计划？
	企业所在行业的基本要求、成功要素有哪些？
	通过哪些渠道来获得市场份额并能逐步稳定发展？
	项目、产品或服务成功的依据有哪些？
	产品或服务的生产、使用、销售周期具体有多长？
产品问题	产品的营销中，会遇到哪些瓶颈问题？如何解决这些瓶颈问题？
企业问题	同类型公司中，自身最突出的特色有哪些？
	有哪些事实来证明自身企业的长期发展潜力？
	你是否了解你的竞争对手的优势和劣势？
	自身企业在市场竞争中的优势和劣势有哪些？
	有哪些方法来确保企业能长期发展以及获得稳定的盈利率？
	企业或产品的营销计划中，核心重点是什么？
	企业进入稳定发展期之后，策略的改变有哪些？
	财务计划的具体流程细节有哪些？是否符合事实？
	投资人在后期可选择的退出方式分为哪几种？具体如何操作？

3. 摘要应包括的内容

不同类型商业计划书的摘要所强调的内容也许会有差别，但一般都包括以下 7 点内容，即公司名称和联系方式(封面中有的可省略)、企业业务范畴类型、管理团队和组织、产品或者服务及市场竞争情况、资金需求状况、财务状况和计划以及投资出路。

4. 摘要的写作要求

摘要只有短短一两页纸，卖的是诱人的"香味"，并非真正的"牛排"。所以制作者应尽量做到简化浏览、吸引投资人、突出优势。具体的要求如下。

第一，行文要求流畅、清晰、客观、逻辑性强。

这样做可以让风险投资商读着舒服，又可以向风险投资商展示你对这个计划的了解程度。其次，字数不宜太多，风险投资商阅览概要部分的时间一般控制在 10 分钟以内。

第二，摘要应具有针对性。

制作摘要时应该针对读者的不同具有针对性，即不同经历和背景的风险投资商，感兴趣的重点也是不同的。所以在动笔之前应该对投资商进行调查研究，使写出的摘要更具有针对性。

第三，摘要一定要放在最后完成。

动笔写商业计划书摘要内容之前，先完成整个商业计划书主体的写作，然后反复阅读几遍，提炼出整个计划书的精华所在，再开始写摘要部分，做到胸有成竹，一气呵成。

第四，完成后仔细检查。

记住，如果文章中出现文字错误，又怎么能证明你是一个严谨的企业家呢？绝不能因小失大。

总之，计划书的摘要，一定要有感召力，能够打动投资商的心。因为在你向风险投资公司推销自己的时候，有成百上千的人在做着同样的事。

因此，必须要保证摘要内容能鹤立鸡群，才能有成功的机会。所以对计划书摘要反复推敲，力求精益求精、趋于完美，争取尽最大可能给风险投资商留下美好的第一印象。

014 行业市场分析

创立一个什么样的企业，在很大程度上并不是取决于创业者自身的意愿，而是由企业所处的内外部环境条件决定的。企业所处的环境可以向企业展示机会，告诉企业应该干什么。

企业所处的行业分析是风投关注的一个重要内容。比如，在未来几年经济发展的进程中，哪些行业有可能获得快速发展，而在这些行业中又将是拥有什么技术或产品的企业获得最大的利益,都是风投所关注和思考的内容。

所以,创业者在写商业计划书时,要做充足的调查,在搜集信息后要对所在行业的发展前景进行客观的分析,然后把分析结果体现在商业计划书中。

其中,行业市场内容主要包括 10 个方面,即**行业发展背景、行业市场政策、行业发展周期、行业产业布局、行业未来前景、目标市场分析、社会环境因素、供需现状分析、市场容量分析以及供需情况预测**。

如图 2-9 所示,为某外卖商业计划书中行业市场内容的案例。

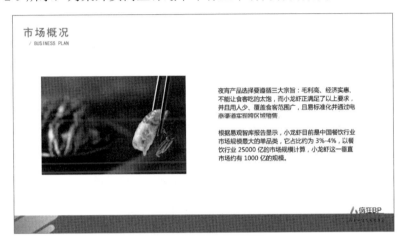

图 2-9 某外卖商业计划书中市场内容的案例

在商业计划书中,行业的市场情况往往也是描述的重点内容。商业计划书的创作者可以选择行业市场内容中的某一个重点内容,结合企业的实际情况进行分析和说明。

如图 2-10 所示,为某生鲜电商公司的商业计划书中的行业市场内容,围绕市场规模和 App 渗透率以及用户规模进行分析。

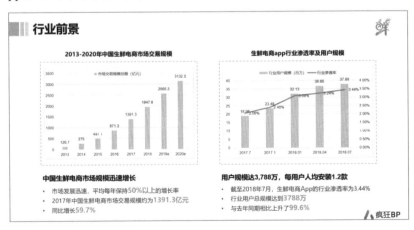

图 2-10 某生鲜电商公司的商业计划书摘要中的行业市场内容

015　企业团队展示

团队情况内容主要包括 6 个方面，即团队的建设与完善、团队现有人员的介绍、成员招聘与培训方面、人员管理与激励措施、团队的人员成本控制、股权分配与利益分配。

如图 2-11 所示，为某商业计划书中团队情况内容的案例。

图 2-11　某商业计划书中团队情况内容的案例

在商业计划书中，团队情况内容主要涉及人员的姓名、职务、工作情况、联系方式等，如有需要，也可以体现出人员的部门、职责等信息。如图 2-12 所示，为某商业计划书中对人员的部门和职责等信息的说明案例。

图 2-12　某商业计划书中对人员的部门和职责等信息的说明案例

016　产品信息呈现

产品服务内容主要包括8个方面,即产品的技术描述、产品的技术权限、主要产品的目录、产品或服务特征、产品的研发计划、产品的知识产权、销售所需的设备、产品生产的环境。

如图2-13所示,为某商业计划书中产品服务内容的案例。

在介绍产品服务内容时,采用表格的方式往往使内容的表现简单明了,投资方阅读的效果也较好。同时,如果产品的特色较为突出,那么在计划书中也可以将产品的细节信息进行部分展示。如图2-14所示,为某款香薰灯的细节信息说明。

图2-13　某商业计划书中产品服务内容的案例

创新型×××艺术香薰灯

	产品类型	类型细分	备注
1	（陶罐类型）×××香薰灯	1）小尺寸陶罐类型香薰灯	约8cm×9.5cm(D×H)
		2）中尺寸陶罐类型香薰灯	约9cm×13cm(D×H)
		3）大尺寸陶罐类型香薰灯	尺寸较大,产品较精美,观赏性强
2	（夜灯类型）×××香薰夜灯		（直接插入插座）
3	（台灯类型）×××香薰台灯	1）卧室、客厅用艺术香薰台灯	需使用灯泡
		2）书房用艺术香薰台灯	需使用灯泡
		3）银行用艺术香薰台灯	需使用灯泡

图2-14　某款香薰灯的细节信息说明

另外,产品制造内容主要包括6个方面,即产品生产条件、产品生产能力、产品设施成本、产品制造标准、产品生产原料、产品包装储运。

017　盈利模式解读

盈利模式内容主要包括 8 个方面，即消费群体的分析、消费方式的分析、消费习惯的分析、市场影响因素分析、盈利模式的类型、盈利模式的优点、盈利模式的缺点、盈利模式的潜力。

如图 2-15 所示，为某商业计划书中盈利模式内容的案例。

图 2-15　某商业计划书中盈利模式内容的案例

在商业计划书中也可以按照分类的方式对具体的盈利模式进行进一步说明。如图 2-16 所示，为某商业计划书中针对批发与零售商的产品盈利合作进行分析的案例。

与主要批发/零售商合作方式	1. 我们主要与徐州的一些农家进行合作，签订一些协议，到时进行利润分配 2. 如果经营情况很好，我们会与中小学校进行长期合作。学校组织的一些活动主要是为了锻炼小孩。而我们的初衷也是如此。所以我们会给予长期合作的对象一定的优惠。 3. 与客运公司进行长期合作，签订协议。

图 2-16　某商业计划书中针对批发与零售商的产品盈利合作进行分析的案例

018 营销计划说明

营销计划内容主要包括 6 个方面,即明确营销计划、分析销售渠道、分析销售方式、分析行销环节、营销团队机制和分析营销类型。

在具体的内容说明中,对于销售渠道较为单一的产品而言,营销计划可以较为简单地进行说明。如图 2-17 所示,为某商业计划书中营销计划内容的案例。

市场营销:

对于国内市场,利用已有的全国性管理网络,不断拓展和延伸。对于国际市场,主要以家庭呼吸健康产品为主,利用技术与成本的相对优势,选择合适的厂商进行 OEM/ODM 合作。并通过与国外优秀代理商合作,向对价格敏感的私人保健组织和专业医疗保险组织提供成本相对较低、宽范围的家用呼吸健康产品。

通过国内、外的医疗展会、学术会议、专业期刊,进行公司品牌和产品的推广。

图 2-17　某商业计划书中营销计划内容的案例

在商业计划书中也可以根据营销计划中不同的重点内容分别进行说明。如图 2-18 所示,为商业计划书中针对营销计划内不同内容的说明。

销售网络、销售渠道建设的策略:

1) 先利用新团队的原有资源,快速拓展渠道;

2) 如时机成熟可召开区域招商会议,并联合经销商进行各种类型的推广、促销活动,召集更多经销商加盟。

对销售队伍的激励机制:

1) **销售团队提成:** 销售队伍的总提成初步按销售收入的 5%核算,具体分配与销售人员业绩挂钩,另外再定细则;

2) **经营团队分红:** 企业每　□季度/　□半年/　□年　提取公司**税后净利润总额的 20%**作为员工的分红奖励总额,分红奖金分配与经营人员销售业绩等因素挂钩,具体另外再定细则。

图 2-18　商业计划书中针对营销计划内不同内容的说明

019 财务计划解读

财务计划内容主要包括 8 个方面,即财务收入估算、生活费用支出、管理费用支出、工资福利支出、产品费用支出、产品销售收入、运营费用估算和融资资金流入。财务计划里不可缺少的就是财务收入估算,这也是投资人重点关注的内容。如图 2-19 所示,为某商业计划书中财务计划内容的案例,展示的内容信息较为简洁。

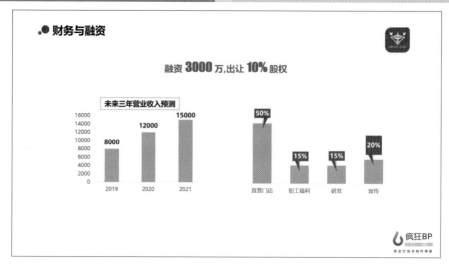

图 2-19　某商业计划书中财务计划内容的案例

为了增加说服力,在商业计划书中,编写者也可以增加更详细的内容说明,比如成本单价、销售单价、市场零售单价、月均销售数量、月均销售利润等。如图 2-20 所示,为商业计划书中某款产品的详细内容说明。

序号	产品或服务	单位	成本单价（万元）	销售单价（万元）	同类产品市场零售单价（万元）	月均销售数量	月均销售利润（万元）
	销售收入预测						
1	婚房装修		12.00	20.00	25.00	1	8.00
2	普通装潢		8.00	15.00	16.00	2	14.00
3	租赁房屋装潢		1.00	2.50	3.00	4	6.00
4	酒店装潢		20.00	30.00	40.00	0.5	5.00
5	家具翻新		0.02	0.04	-	100	2.00
6	其他服务		0.00	0.00	0.00	0	0.00

图 2-20　商业计划书中某款产品的详细内容说明

020　项目风险因素

项目风险因素主要包括 6 个方面,即资源竞争风险、市场变动风险、成本研发风险、环境政策风险、财务资金风险和企业破产风险。

根据企业类型和规模的不同,企业可能遇到的风险类型也不同。

如图 2-21 所示,为某商业计划书中项目风险内容的案例,一般情况下主要内容以表格的方式展现较为清晰明了。

风险类别	风险内容	应对措施
财务风险	投融资管理不当 成本预算失当 资金周转不灵	专业的投资分析人才 采用其他的筹资方式 用科学化、市场化的价格预测
市场风险	客户量不够 采购成本过高	加大宣传力度，采用多种营销渠道 努力打造企业品牌 不断积累采购经验 和供应商积累长期合作关系
管理风险	核心技术人员跳槽 施工队工期延误	技术人员入股 提供员工福利 预备紧急情况时的施工团队
政策风险	税率变化	适时调整价格

图 2-21　某商业计划书中项目风险内容的案例

对于小规模的企业或团队而言，商业计划书的内容与企业发展的程度直接相关，所以往往在企业或团队的前期发展中，商业计划书的内容主要以半年至一年时间内的发展为主，融资的目标也是为了让企业或团队获得初步发展，此时遇到的风险问题较少，其项目的风险问题主要集中在一到两个核心内容上。

如图 2-22 所示，为某初创企业的商业计划书中项目风险内容的案例。

> 本项目最主要的风险来自同类产品市场的竞争。×××香薰灯属于一个新型行业，消费潜力尚没有完全激发出来，市场不够规范，产品鱼龙混杂，跟进企业增加，行业竞争加剧，行业跟随者低质低价竞争的短期行为也会对整个行业产生一定的负面影响。

图 2-22　某初创企业的商业计划书中项目风险内容的案例

除了项目风险之外，还有投资退出内容。投资退出机制是风投机构投资的企业发展不成功，或企业无法继续发展下去的情况下，投资人可以将持有的企业股份转化为资本抽离该企业。其内容主要包括 6 个方面，即**公司上市后投资退出、公司并购后投资退出、团队回购后投资退出、企业清算后投资退出、企业注销后投资退出和二次出售后投资退出**。

在摘要内容中，针对投资退出的部分一般信息较少，具体的退出措施主要是结合企业或团队的实际信息在正文中进行详细说明。如图 2-23 所示，为某商业计划书中投资退出内容的案例。

当然，我们为投资者提供了多种退出方式，如 **IPO**（**首次公开上市**）、**收购**、公司回购、二次出售、清算、注销等。其中以 **IPO** 形式退出所获得的收益高于其他退出途径。除 **IPO** 外，**收购**也较为常用。我公司将会为投资者首先提供这两种方式，以做参考。

图 2-23　某商业计划书中投资退出内容的案例

第 3 章

8 种介绍，详细展现公司和产品的竞争优势

学前提示

让投资人对公司和产品进行了解，是说服投资人进行投资的第一步。

本章内容从商业计划书中的公司和产品介绍出发，同时对如何在计划书中体现竞争力的技巧以及行业进行了分析，以读者可借鉴的角度全面展示相关内容。

要点展示

- ❖ 公司信息介绍
- ❖ 市场潜力介绍
- ❖ 工作模式介绍
- ❖ 做好市场和行业分析
- ❖ 产品优势介绍
- ❖ 团队特色介绍
- ❖ 分析竞争力
- ❖ 做好市场调研报告

021 公司信息介绍

投资人不可能对一个毫无了解的公司进行投资，所以商业计划书的第一部分往往就是介绍公司和产品或项目的信息。企业的相关信息主要分为 6 个方面，即企业的名称、业务的性质、注册的场所、经营的地点、财产组织形式以及相关法律责任。以下将从 3 个方面对公司的相关信息进行全面介绍。

1. 完整真实的公司概况

对于投资人而言，公司的类型是首先接触的信息。目前国内的企业类型是根据经济类型进行区分的。总的来说，国内的企业主要有 8 种类型，即国有企业、集体所有制企业、私营企业、股份制企业、联营企业、外商投资企业、港澳台投资企业和股份合作企业。

根据现代企业制度的组织形式，所有企业又分为有限责任公司和股份有限公司两种。 有限责任公司是指根据相关管理条例进行登记注册，由小部分股东出资设立，每个股东以相应的出资额对公司承担有限责任，公司则对其债务承担全部责任的经济组织。

股份有限公司是指公司的资本为股份所组成的公司，每一位股东通过认购相对应的股份额度成为对公司承担责任的企业法人。

除了企业类型之外，投资人首先看到的企业基本信息是企业的名称和经营的地点。如图 3-1 所示，为某餐饮行业的商业计划书中企业的基本信息内容。

图 3-1 某餐饮行业的商业计划书中企业的基本信息内容

2. 公司宗旨和目标

公司宗旨是每一个公司都必须具备的内容，但是不一定会以文字的形式表现出来。具体而言，公司宗旨就是关于企业存在的目的或应作出的某类型贡献的陈述，属于公司的经营理念。

公司宗旨的描述往往需要用最精练、清晰的语言来表达，主要涉及 6 个方面的内容，即**获利能力、外部追求、产品质量、生产效率、企业氛围和行为规范**。

如图 3-2 所示，为某公司的宗旨，通过文字的形式激励团队人员努力工作。

图 3-2 某公司的宗旨

公司目标与公司宗旨是一脉相承的，公司目标就是创造价值，实现其宗旨所要达到的预期成果。公司目标往往是以某一段时间为界限的，在某一段时间内要完成一个目标。如图 3-3 所示，为某餐饮行业的商业计划书中企业的目标。

图 3-3 某餐饮行业的商业计划书中企业的目标

3. 公司的历史发展与未来规划

公司的过去发展只要按照时间顺序进行叙述即可，最简单的模式就是直接根据时间顺序进行展示。如图 3-4 所示，为亿欧网的发展历程展示图。

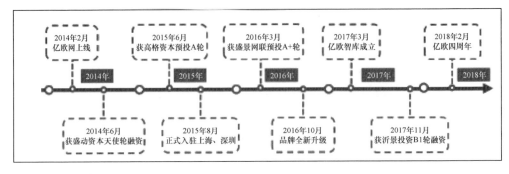

图 3-4　亿欧网的发展历程展示图

在具体的创作中，这部分内容可以直接以文字的方式展示，也可以以图片的方式展示，无论展示的形式如何，其内容主要涉及 5 个方面，即公司创意的来源、公司创意的进化、公司团队的负责人、公司发展的背景和公司发展的过程。

在商业计划书中，还需要有公司对未来的展望内容，以便投资人了解公司的发展潜力。如图 3-5 所示，为某房地产行业公司的未来发展前景展望内容。

> **三、未来发展前景展望**
> 　　21世纪刚过去的十几年，对于中国房地产企业而言是伴随着中国经济、社会发展取得快速发展的黄金年代。期间无论是遇到相当力度的楼市调控，还是面临全球性金融危机时的挑战，中国房地产业仍然在这十几年当中取得了快速进步和发展。
> 　　面对未来，伴随着中国经济的持续健康发展、城镇化的不断深入，房地产行业的平稳健康发展仍然具有较好的市场预期。首先，从中长期来看，加强城镇化建设、提高城市化率仍是我国未来一段时期的重要发展目标之一，也是维持我国经济活力的重要因素之一。其次，中共十八大提出至2020年国内生产总值（GDP）和城乡居民人均收入比2010年翻一番的目标。实现城乡居民人均收入翻番的目标，意味着居民收入年增速要达到7%以上水平。这就意味着，房地产市场的供需矛盾还会在未来持续相当长的一段时期。

图 3-5　某房地产行业公司的未来发展前景展望内容

022　产品优势介绍

对于投资人而言，在第一时间除了了解公司的信息之外，还会了解公司能提供什么样的产品与服务，以及这些产品与服务是否能解决消费者的现实生活问题，从而分析产品与服务的潜在价值。

产品信息的直接展示主要分 4 个方面的内容，即产品卖点阐述、产品需求阐述、产品服务阐述和产品使用阐述。

1. 产品卖点阐述

对于商业计划书中的公司产品而言,卖点是产品销售经营的关键要素,也是获得投资人认可的主要因素。卖点能把产品变成商品,实现获得利润的根本目标,卖点更是直接决定了产品未来市场的生死。

如图3-6所示,为云南白药牙膏的卖点展示。

图3-6 云南白药牙膏的卖点展示

就产品本身而言,卖点的意义在于能够在商业计划书中体现一定的价值,获得投资人的认可,同时考虑在产品推出后是否能够获得消费者接受和认同。卖点的来源主要有两个方面,都是商业计划书的编写者需要在计划书中进行深入分析的,相关内容如图3-7所示。

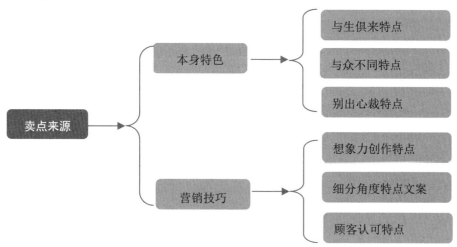

图3-7 产品卖点来源的相关内容分析

2. 产品需求阐述

在创作计划书之前，首先要了解产品需求的对象，也就是受众群体。除了对产品潜在的受众有明确的选定之外，还有就是在撰写前，对产品目的、销售等每个环节的含义，都需要有较为准确的定义。

根据不同的产品要求，需求阐述的内容也会根据团队和产品的实际情况而确定不同的详细程度。

比如，在互联网产品的需求阐述中，会简化需要分析流程，重点分析目标用户的市场等。这种情况下，产品需求阐述的内容会得到极大的简化。

如图 3-8 所示，为产品的需求分析中各步骤的具体流程。

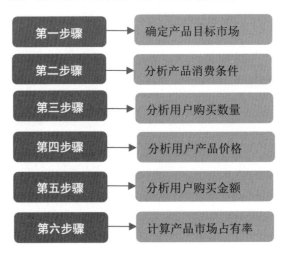

图 3-8　产品的需求分析中各步骤的具体流程

3. 产品服务阐述

产品服务阐述的内容往往与产品说明的内容是共同使用的，主要是向商业计划书的阅读者介绍产品的服务内容。

产品服务阐述主要有 6 方面内容，即提供服务的性质、服务的直接对象、服务的收费情况、申请使用的要求、使用服务的方法和使用服务的条件。如图 3-9 所示，为产品服务阐述中的内容分析。

4. 产品使用阐述

产品使用阐述就是产品的使用手册或用户使用指南的内容，是常见的便捷式的产品信息集合体。

如图 3-10 所示，为某公司的产品使用说明书封面。

> **企业产品服务分析**
>
> 计划方面：明确××企业商业需求、××信息系统实施目标，以使商务行为和信息系统规划融为一体，确保××信息系统进一步促进××企业在运作流程上的优化。
>
> 准备方面：侧重于寻求××企业的相关团队建立机制，明确××团队中不同角色的目标、任务和功能，从而进一步确定团队成员所必备的××知识体系。
>
> 运行方面：执行可重复的××、××和自定义的支持选项，使××信息系统具有高度可用性和变化性。
>
> 在产品服务内容方面，主要是可支持性的咨询服务，重点集中在帮助××了解××的产品和技术，更有效地实现和支持××产品和××技术的运作策略，避免共同的××支持问题，提高系统可用性。

图 3-9　产品服务阐述中的内容分析

图 3-10　某公司的产品使用说明书封面

产品使用阐述的内容，往往根据产品属性的不同而完成的难易程度不定。对于越复杂的产品，除了文字说明之外，还需要图片说明，以便阅读者能够理解产品的使用方法。

一般情况下，在产品的使用阐述中主要包括 4 个方面的内容，即特点展示、功能介绍、使用步骤和注意事项。

在产品的使用阐述中，最重要的内容就是使用步骤。如图 3-11 所示，为某食品机器的使用步骤。

> **产品使用步骤**
>
> 1．××产品应放在稳固平面上，远离有影响的物体；
> 2．根据产品内部的××刻度，在本体内加入清水；
> 3．把××盘平稳地放在本体上；
> 4．将××食物放在蒸笼内；
> 5．盖好产品的盖子，插上电源。
>
> 温馨提示：
> 为了避免××在蒸煮过程中发生××情况，运作前在××的顶端，敲一个小孔，然后将其平稳地放于蒸笼上。根据产品的标准××时间参考表，选择不同程度的××或者其他食物。

图 3-11　某食品机器的使用步骤

023　市场潜力介绍

　　直接展示产品的信息不一定能够打动投资人，但如果在商业计划书中能够体现出一定的产品竞争力，那么投资人会更加认可该产品。商业计划书中的竞争力的体现主要从 3 个方面进行，即对产品进行开发评价、表达独特的市场价值和市场份额的争取细节。

　　对产品进行开发评价就是将产品的价值突出表现出来，尤其是产品的需求说明、服务说明和使用说明等方面的特色。**这种评价能够体现产品在销售时期的情况，便于投资人自主地进行分析。**以下将从 3 个方面对市场潜力进行介绍。

1. 表达独特的市场价值

　　独特的市场价值就是产品进入市场之后，获得消费者认可的特色或特点。如图 3-12 所示，为多功能插座的展示图。这种插座与传统的插座相比，既节省了空间，又提供了更多的插座口，符合用户的需求，这就是产品独特的市场价值。

　　产品独特的市场价值主要可以从 4 个方面进行分析，即在同类产品中的优点、市场所欠缺的功能、产品的性价比表现、挖掘产品的用户群体，创作者根据产品的实际特点选择不同的切入点来完成分析即可。

2. 市场份额的争取细节

　　市场份额的争取细节主要是指通过市场营销推广等渠道的展示和分析，给投资人以更大的信心，使其相信产品未来的发展潜力。目前产品的营销方式根据营销需求的不同，分为 4 种不同的方式。如图 3-13 所示，为产品的市场营销模式分析。

　　除了按照营销模式进行分析之外，还可以根据时间段来推出产品的营销策略。如图 3-14 所示，为某公司产品的营销策略。

图 3-12　多功能插座的展示图

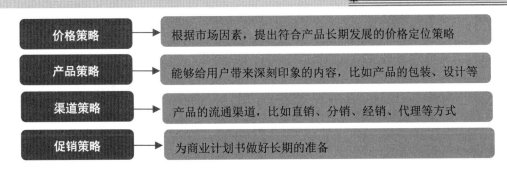

图 3-13 产品的市场营销模式分析

产品营销策略
从公司实力出发，××产品的营销策略主要分为 3 个阶段，如下所示。
前期营销：根据××产品的前期市场调查和消费需求分析，针对××群体，××公司制订和参与××群体环保清洁的一系列计划，打开产品和品牌的知名度是前期产品营销的重点；
中期营销：通过前期的市场打造，进一步扩大××消费群体，将××产品推向××和××市场，逐步扩大产品的市场占有率；
后期营销：进军××地区的其他××，形成良好的××口碑与××竞争力。需要注意的是，在产品定价和××促销的选择上，营销策略以初期××产品的价格低和促销力度大为主，中期营销阶段主要是进行价格和××促销的相应调整，后期营销主要是进行××产品的持续宣传。

图 3-14 某公司产品的营销策略

3. 与主要竞争对手的对比

多数情况下，创业者很难成为一个行业的开创者。所以，一些类似于前无古人后无来者的话语，很容易让投资人打上问号。其实，有竞争对手并不可怕可怕的是你不能客观地看待行业发展情况，摆正自己的位置。

兵法有云：知己知彼，百战不殆。我们也经常听到另一句话：商场如战场。所以，我们在编写商业计划书时，需要对竞争对手进行客观、深入的分析。这样做既能获取和学习竞争对手的成功经验，也能够让我们更好地看清自身所处的位置。

另外，从投资人的角度来看，一个企业或项目是否值得投资，除了企业或项目自身的运营情况之外，还与主要竞争对手的发展情况有着很大的关系。所以，投资人会对主要竞争对手的相关分析比较重视。

如果在商业计划书中缺乏对主要竞争对手的对比分析，投资人就会觉得你的分析工作做得不到位，进而有可能怀疑你的商业计划书中相关内容的客观性，甚至会对你的诚信度打上一个问号。

因此，对于竞争对手的相关情况，商业计划书中不仅不应该躲避，还应该进行深入、客观的分析，并与自身进行对比，从中找到自身的优势和需要努力的方向。这不仅能帮助投资人更好地看清行业发展情况，更能体现企业自身强大的自信。

024　团队特色介绍

团队人员就是商业计划书的提交者，往往是由创业者组成，也有部分团队人员来**自于成熟的企业**。对于投资人而言，团队人员的价值甚至会比商业计划书本身的价值还要高，因为人才始终是投资人最看重的。

一个优秀的团队是可以合理利用每一个成员的能力与技能来进行工作的，团队的作用表现为可以协同工作，一起解决问题，从而达到共同的目标。

在团队中，每个人的特色和作用都是不同的。关于团队人员的特色展现主要有 3 个方面内容，即团队整体的表现定位、团队人才的互补优势、团队能力的全面性。

1. 团队整体的表现定位

一个团队的构成，主要分为 5 个方面的内容，分别是团队目标、团队人才、表现定位、成员权限、共同计划。

根据团队的目标和发展方向的不同，团队整体的表现定位可以分为 4 种类型，即问题解决型团队、自我管理型团队、多功能型团队和共同目标型团队。

在多种类型的团队中，最受投资人看重的是多功能型团队。这种团队，团队人员之间能够形成能力互补，以便更好地完成工作。

多功能型团队的运作模式为团队人员能力互补，形成信息的快速交换模式，从而激发出新的观点，更好地解决工作中的相关问题，通过协调让复杂的工作项目变得简单、易行。

如图 3-15 所示，为某物流公司的商业计划书中展现的多功能型团队。

> 投资是一项经营人才的业务，我们要以最快的速度组建一支在物流领域具有专业知识的人才队伍，他们在物流操作、物流营销、物流资讯收集、公共关系、人事管理等各种有影响的岗位上具有直接的技术与丰富的经验。我们要以最少的人担任公司各类职务，这项工作要立即由人力资源部门着手办理，或先从组建人事部门开始。
> 我公司目前已有的人员从事过社会性物流、企业内部物流、物流的高级化操作、物流理论研究、物流的资本运作等，有着丰富的实际经验。

图 3-15　某物流公司的商业计划书中展现的多功能型团队

2. 团队人才的互补优势

在团队中，人才的互补优势直接建立在不同人才的能力水平和能力方向上。创业团队内需要 8 种类型的人才，即创新型人才、信息型人才、管理型人才、实干型人才、协调型人才、监督型人才、细节型人才、凝聚型人才。

团队内的人员不一定同时具备这 8 种类型，但无论人才的类型属于哪种，人才之间的优点、缺点等方面进行互补促进，共同达成最终目标才是最重要的。

以下是针对 8 种类型的人才进行的优点与缺点的分析。

1) 创新型人才

如图 3-16 所示，为对创新型人才优点与缺点的具体分析。

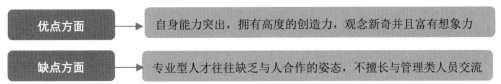

图 3-16 对创新型人才优点与缺点的具体分析

2) 信息型人才

如图 3-17 所示，为对信息型人才优点与缺点的具体分析。

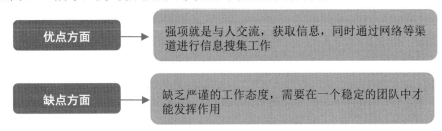

图 3-17 对信息型人才优点与缺点的具体分析

3) 管理型人才

如图 3-18 所示，为对管理型人才优点与缺点的具体分析。

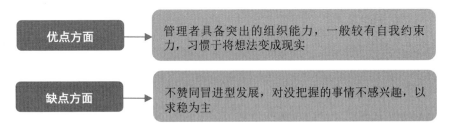

图 3-18 对管理型人才优点与缺点的具体分析

4) 实干型人才

如图 3-19 所示，为对实干型人才优点与缺点的具体分析。

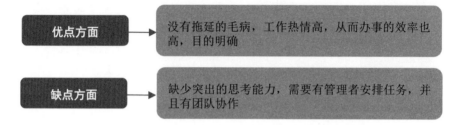

图 3-19　对实干型人才优点与缺点的具体分析

5) 协调型人才

如图 3-20 所示，为对协调型人才优点与缺点的具体分析。

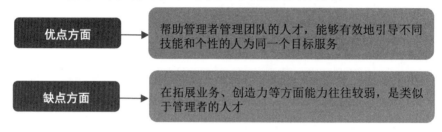

图 3-20　对协调型人才优点与缺点的具体分析

6) 监督型人才

如图 3-21 所示，为对监督型人才优点与缺点的具体分析。

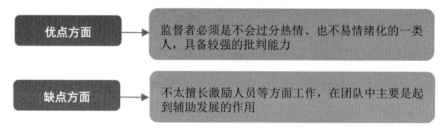

图 3-21　对监督型人才优点与缺点的具体分析

7) 细节型人才

如图 3-22 所示，为对细节型人才优点与缺点的具体分析。

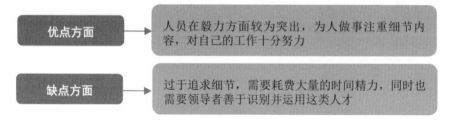

图 3-22　对细节型人才优点与缺点的具体分析

8) 凝聚型人才

如图 3-23 所示，为对凝聚型人才优点与缺点的具体分析。

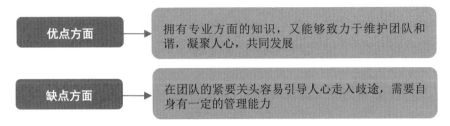

图 3-23　对凝聚型人才优点与缺点的具体分析

3. 团队能力的全面性

团队能力的全面性就是指团队的协作能力，是以团队合作为基础，进而形成团队精神，达到能力互补，并促使团队效率提升的一种能力。

在团队中，强调的工作模式是协同型，为了达成这个目标，团队的工作氛围十分重要，直接影响团队的工作效果。如图 3-24 所示，为提升团队协作能力的 4 种方式。

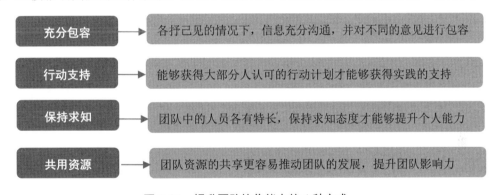

图 3-24　提升团队协作能力的 4 种方式

在团队的共同发展中还需要把握 10 个基本要素，即尊重、欣赏、信任、宽容、平等、诚信、沟通、热心、负责和坚持。

4. 团队模式的管理介绍

下面根据具体的团队案例来分析商业计划书中的团队模式的管理介绍，介绍的内容主要分为 4 个方面，即优秀的管理者与下属、公司外脑的优势介绍、团队人力资源的管理、介绍团队的相关技巧。

1) 优秀的管理者与下属

在介绍管理者和下属时，重点突出是十分有必要的，没有特色的内容是无法吸引投资人的。 商业计划书中对人员进行实际介绍时需要涉及的相关方面主要有人员的教育背景、工作背景和业绩、领导能力的体现、创业团队的品质、较少内容的缺点、团队整体的特点6个方面。

　　进行实际介绍时，往往也可以采用图片的方式来辅助，用于展示信息，通过直观展示的模式让投资人更轻松地了解团队信息。如图3-25所示，为商业计划书中简单的团队介绍内容。

图3-25　商业计划书中简单的团队介绍内容

　　在对团队中的关键人物进行介绍时，可以采用逐个介绍的方式。通常情况下，团队中的关键人物不超过3个，大公司中的团队关键人物也不超过7个，便于投资人获取有效信息。

　　如图3-26所示，为商业计划书中对团队关键人物的介绍。

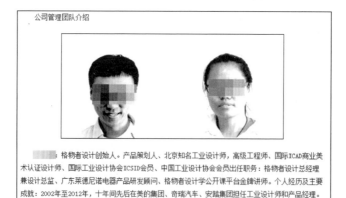

图3-26　商业计划书中对团队关键人物的介绍

2) 公司外脑的优势介绍

公司外脑是指除了内部人员之外，企业特意寻找的有利于公司发展的智囊人物或者智囊机构。 公司外脑能够解决公司的缺点，提升公司的竞争力。通过外脑的资源，公司能够拥有优秀的人才队伍，实现长期发展的战略计划。

较为常见的公司外脑主要有 6 种类型，即法律方面的专业人士、财务领域的专业人士、企业需要的管理顾问、具体领域的产业专家、战略合作关系的企业、产品市场的营销顾问。

如图 3-27 所示，为远卓管理顾问公司的官方主页，这就属于公司外脑类型中的管理顾问类型。

图 3-27　远卓管理顾问公司的官方主页

3) 团队人力资源的管理

在团队中，人力资源的管理是介绍团队时必不可少的内容。它主要分为 6 个方面的内容，即人力资源的规划、人员招聘与配置、人员培训与开发、绩效方面的管理、薪酬的福利管理、劳动的关系管理。

除了人力资源的管理之外，投资人也十分看重企业对人员的激励和约束机制。创作者在编写计划书时就需要将具体的激励和约束机制的内容罗列出来，常见的激励与约束机制的内容主要包括工资发放规定、职工持股计划、员工培训机会、红利分配要求、提升职业机会、市场规章约束、劳工协议合同、旅游休假激励、企业文化激励和职位要求约束。

4) 介绍团队的相关技巧

在商业计划书中介绍团队时，可以采用 **3** 种不同的介绍技巧，分别是文字介绍、图文介绍和图解介绍。如图 3-28 所示，为商业计划书中的文字介绍模式。

> 总经理：
> 　1．主持公司的生产经营与日常管理工作，组织实施董事会决议；2．组织实施公司年度经营计划和投资方案；
> 　3．拟订公司内部管理设置方案；拟订公司的基本管理制度；4．制定公司的具体规章；
> 　5．提请聘任或者解聘公司副经理、财务负责人；6．公司章程和董事会授予的其他职权。
> 　7．定期向董事会提供生产计划书，在每个财务年度末向董事会作工作汇报，平衡协调各部门之间的关系。
> 营销部经理：
> 　1．负责公司总体的营销活动，决定公司的营销策略和措施，并对营销工作进行评估和监控，包括市场分析、广告、销售等；
> 　2．组织安排人员深入市场，了解相关企业的市场行情及有关的信息资料，了解公司用户的基本情况，及时反馈用户意见及需求信息。
> 人力资源部经理：
> 　1．负责对公司人员的聘用、培训、考核、奖惩等事务；
> 　2．结合公司的生产与经营目标，依据人力分析预测结果，合理分配各部门的人力；负责劳动合同的签订与解除；
> 　3．监督公司管理制度的实施；制定考勤制度。

图 3-28　商业计划书中的文字介绍模式

文字介绍的优势是详细具体，但是文字内容过于烦琐，所以比文字介绍更实用的介绍模式是图文介绍。如图 3-29 所示，为商业计划书中的图文介绍模式。

图 3-29　商业计划书中的图文介绍模式

除了文字介绍和图文介绍之外，更简洁的介绍方式就是图解介绍，是以介绍职位的相关设置信息为主。如图 3-30 所示，为商业计划书中的图解介绍模式。

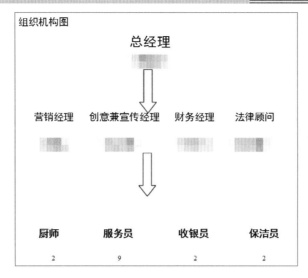

图 3-30　商业计划书中的图解介绍模式

025　工作模式介绍

在长达数十页的商业计划书中,创作者往往也会对具体的工作模式进行分析,并向投资人展示相关内容。具体的工作模式分析主要包括 3 个方面的内容,即工作内容的相关分析、工作内容的实质描述和工作本身的具体说明。

1. 工作内容的相关分析

撰写工作分析除了能够更好地说服投资人之外,也对企业自身的发展有一定的帮助。具体的工作内容分析的流程为分析企业生存需要做的事,并根据事务确定所需岗位、选择需要的人才的类型。除此之外,还需做好早期的计划决策,完成详细的工作分析流程。

工作分析的内容类似于一个企业发展的指南书,内容核心围绕 6 个方面进行,即雇用员工程序、员工培训计划、人员绩效评估、个人薪金计划、具体工作描述、工作决策说明。

2. 工作内容的实质描述

工作内容的实质描述,是让投资人深入了解企业运作模式的一个方面。内容的描述往往根据企业定位的不同而不同,但是流程基本一致。工作内容的实质描述主要包括 5 个方面,即概括企业摘要和目标、制订达成目标要的计划、落实到具体的管理工作、对工作内容进行说明、进行内容升级和修饰。

工作内容的描述中,语言应当清楚、直接、简单,能够让阅读者快速了解企业的具体工作内容。为了全面地展现,工作内容的描述往往由管理者或者专业的顾问来完成。

3. 工作本身的具体说明

工作说明是用来让员工明白具体的工作是什么，也是让投资人了解企业发展的未来潜力。在工作说明中，有多个需要重点展示的内容，如工作所需的技术水平、工作所需的专业能力、工作经验的相关要求和员工的受教育水平等。

根据企业工作内容的不同，工作的具体说明的详细程度也是不一样的。比如某个职位的出差要求、报告频率，或者某个渠道的资金投入使用情况等方面的内容在细节上都会有所差别。

026 分析竞争力

投资人需要详细地了解产品或者服务，但并不是需要我们在计划书中对产品的核心技术进行赘述，而是要让投资人知道产品或服务是否可以解决消费者在现实生活中的问题，以及产品最终的商业价值。

在了解清楚产品之后，投资人还需要知道产品的竞争力在哪里？为什么产品可以在市场上脱颖而出？这也是创业者需要在商业计划书中详细分析的部分。以下将对竞争力进行分析。

1. 开发评价

对产品进行开发评价就是将产品的价值突出表现出来，尤其是产品的需求说明、服务说明和使用说明等方面的特色。通过开发评价，能够体现产品在销售时的状况，给投资人自主分析的空间。开发评价主要包括**效率、成本以及用户体验** 3 个阶段。

1) 效率

高效率是企业持续高速发展的秘密。比如零售行业，重要指标"库存周转天数"就是企业效率的直接体现，京东快速崛起的秘诀之一是其把原有大型零售公司 60～70 天的库存周转天数通过各种手段缩短至 30 天。这不仅带来了库存成本的削减，也为开展其他业务留出了时间。

2) 成本

成本是企业运营的关键，而投资人喜欢的是远低于行业平均成本的企业，因为只有成本低了，企业才有更大的用户数、生存空间和利润空间。

对于有着较复杂商业流程的产品，削减成本也是多方面的。它可以直接削减产品的生产成本，比如，技术进步带来生产边际成本的大幅降低，同时也可以开发新渠道，使原有渠道的成本下降。

3) 用户体验

获得用户忠诚度的方式就是提供超出预期的用户体验，人一旦接受过好的体验便很难再去接受相对差一些的体验。以各种优惠活动、补贴获得的用户，其"背叛成本"非常低。停止优惠或者其他公司有了更好的优惠之后用户就会离开，这样并不利于企业的发展。

2. 市场价值

独特的市场价值是让消费者认可的产品价值。在竞争分析中要着重与同类产品进行对比，突出在同类产品中的优点，往往可以通过市场所欠缺的功能和产品的性价比着手。比如，充电手机壳的诞生就解决了用户需要随身携带一块多余的充电宝，既能保护手机，又能给手机充电。符合用户的需求，这就是产品的独特市场价值。

3. 市场份额

通过市场营销推广等渠道争取市场份额，让投资人相信产品未来的发展潜力。不同的营销策略有不同的市场份额争取模式。

产品的竞争力是产品能在市场上存活的核心因素。任何产品都存在竞争对手，如何战胜竞争对手，在市场上脱颖而出，争取足够的市场份额，将产品真正变为商业价值是产品竞争力的核心。

4. 未来竞争优势

商业计划书中既要展现出企业当下的竞争优势，还要展现出企业对于未来竞争的战略规划。以下两个方面是需要在商业计划书中阐述清楚的：一是面对竞争对手的生存优势；二是在大量竞争对手涌入之后如何继续保持优势。

在面对竞争对手的生存优势时，我们可以从**差异化、借助商业巨头的影响力以及创新等** 3 个方面入手。差异化即在初创公司成立时，可以通过在公司的业务领域和产品以及服务等方面与巨头制造差异，以避免直接竞争；借助商业巨头的影响力做好商业巨头的配套，以避免直接竞争，或是直接做行业巨头的产品服务商。

总之，在创业初期，可以选择做商业巨头的小弟，先发展壮大，再垂直发展，这样可在很大程度上减少风险；或者借助巨头之间的竞争，寻找机遇坐收渔翁之利。

在大量竞争对手涌入之后，不断地学习是公司提高核心竞争力最基本、有效的方法。为了在大量竞争对手涌入之后依旧保持竞争优势，企业要对市场的发展趋势有一个准确的把握，为创建、强化核心竞争力而不懈努力。

核心竞争力的建立不会"一蹴而就"，需要不断地改进和积累才能使其高涨，始终引领和推进企业发展。通过企业的重组和积累，实现核心竞争力的培育和发展。

027 做好市场和行业分析

市场分析在商业计划书中也是非常重要的，它可以帮助企业发现市场机会并且为企业的发展创造条件。那么我们应该如何做好市场分析呢？以下具体从 4 个方面进行分析。

1. 知道产品或服务针对的市场

根据产品和定价来估算真实有效收入市场，说清痛点背后的商业价值，以及目标占有多大的市场份额。这里可以在商业计划书中用一句话来描述市场规模和潜在的远景。

2. 分析有多少潜在用户

有多少潜在用户可能使用你的产品，是百万级、千万级还是亿级。当然，市场预期也不能仅仅只看用户数量，一些用户数少但客单价高的产品或服务也可以被认为有很大的市场预期。

3. 市场竞争情况如何

在商业计划书中应写清竞争对手有多少，行业和市场的细节情况怎么样，为什么现在是切入的好时机。

4. 突出对行业的理解

宏观市场数据，投资人都一清二楚，所以，我们要在 BP 中要描述在目前的市场背景下，你的项目可以为用户带来更高性价比的产品或服务。尽量展示出与竞争对手的对比分析，表明当前的商业机会。重要的是与你的产品直接相关的市场数据，而不是简单地罗列数据。

028　做好市场调研报告

对于商业计划书的创作者而言，每一个优秀的商业计划书在最初都只是一张白纸，需要创作者不断地添加内容，才能够最终成型。要想更有效地完成市场调研，就需要进行前期任务的计划，并对相关的工作内容有一个完整的认识。

市场调研的前期任务有 4 个方面需要思考，即自己需要做好哪些准备工作、备妥哪些信息才开始去写作、用什么方式去搜集相关信息以及如何想出优秀文案的点子。

1. 调研报告的前期任务

在市场调研的前期准备工作中，具体的步骤流程如图 3-31 所示。

1) 寻找并搜集相关资料

对于商业计划书的创作者而言，需要在调研前期搜集的资料类型有很多种，其中较常见的就是其他企业或产品的网络宣传信息。

市场调研所需的相关背景资料，主要有 10 种类型，即相关评论文章、相关广告内容、商品特点记录、宣传册、年度报告、广告企划、技术文件、官方网站、竞争对手资料和使用者反馈。

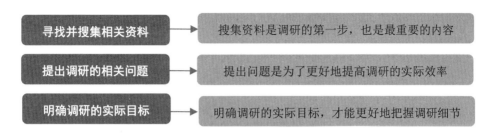

图 3-31　具体的步骤流程

2）提出调研的相关问题

提出调研的相关问题是为了更好地完成调研过程，具体作用主要有整理调研的相关问题、列出详细的完整清单、根据问题进行内容调研、有针对性地完成任务、将调研内容写入计划书。

一般调研的内容主要是产品的功能和效果、项目的目标内容等，调研者需要提出与产品相关的问题主要有：哪一项功效是最重要的、哪些特色是独有的、优势领域在何处、实际应用的内容是什么、产品解决什么问题、产品的使用期限有多久、产品价格是否实惠、购买者对产品的看法、消费者在哪儿能购买、制造商提供的服务有哪些。

3）明确调研的实际目标

调研内容的写作，根据目标的不同会有不同的创作方式，所以明确调研的实际目标十分重要。通常来说，调研内容主要是围绕项目的商业价值进行分析，希望通过对项目商业价值的展现，来打动投资人的心，从而获得投资金额。

除此之外，产品的价格等因素也是常见的市场调研内容。如图 3-32 所示，为某项目的产品价格调研。

竞争者产品价格(元)

花鸟市场大、中、小型盆景100~1000

个体商贩中、小型盆景50~500

流动商贩小型盆景50~200

图 3-32　某项目的产品价格调研

2. 调研报告的完成过程

在前期的准备工作完成之后，调研报告的完成过程主要分为 3 个环节，即直接了解被调查者信息、对数据进行整合并分析、将数据写入计划并归档，每个环节在实施过程中都需要把握细节。

1) 直接了解被调查者信息

直接了解被调查者的信息是一个分为前期任务、中期任务和后期任务的过程,具体的流程分析如图3-33所示。

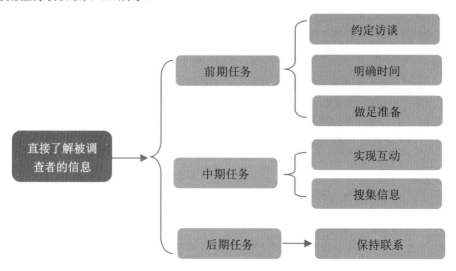

图3-33　直接了解被调查者信息的过程

除了进行约定访谈之外,常见的搜集被调查者信息的方式还有线上或线下的问卷调查等。如图3-34所示,为问卷星官网的主页,这是免费的问卷调查平台。

图3-34　问卷星官网的主页

2) 对数据进行整合并分析

整合分析就是在原有数据的基础上,创作者通过一定的思考方式得到的一些结论。数据分析的具体表现主要有对搜集的数据进行整合、重新组织并思考内容、获得实际可行的结论、写出有价值的结论报告。

对数据进行整合并分析也能去除部分无价值的信息，从而将信息进行高度浓缩，尤其是对于关键资料而言，便于创作者在写作过程中快速查询信息。

3) 将数据写入计划并归档

调研获得的数据往往较为复杂，对于商业计划书的写作者而言，采用的资料需要进行来源建档，以确保内容的清晰性和真实性。

在实际应用中，进行归档的数据主要分为 4 类，即被调查者提供的数据、自主查询获得的资料、被调研的对象清单、相关的调研笔记原稿。

3．调研报告的实战案例

下面从行业、产品和环境 3 个方面，对实战案例进行展示和分析，了解调研报告的具体运作方式。

1) 行业调研案例

行业调研的内容核心主要集中在 6 个方面，即行业的发展背景、行业的市场政策、行业的产业布局情况、行业发展的生命周期、行业在产业中的作用、行业未来的发展潜力。

如图 3-35 所示，为某商业计划书中针对儿童早教行业进行的调研。

如果商业计划书的内容较为重要，行业调研也可以作为单独的一个内容进行数据分析并搜集，整理成为单独的分析报告。如图 3-36 所示，为手机支付行业调研分析报告的部分目录。

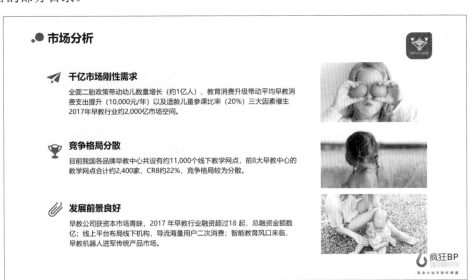

图 3-35　某商业计划书中针对儿童早教行业进行的调研

手机支付行业调研分析报告

目录

1   手机支付发展历程及未来展望
  1.1   手机支付的概念与特点
  1.2   发展历程
      1.2.1   全球手机支付发展先进地区分析
      1.2.2   国内手机支付发展分析
      1.2.3   国内手机支付现状分析
  1.3   未来展望
      1.3.1   网上支付行业保持高速增长的态势，手机支付市场前景看好
      1.3.2   手机用户数的增加带动手机支付的发展
      1.3.3   手机支付将成为 2012 年十大手机重点应用之一
      1.3.4   手机支付发展应注意的问题

图 3-36   手机支付行业调研分析报告的部分目录

2)   产品调研案例

产品调研往往是指调研与商业计划书中产品有一定关系的对象，一般从市场占有率、价格、渠道等方面进行调研。

以手机产品的调查报告为例，调查对象往往就是市场上具备一定影响力的手机品牌的产品，如苹果、三星、华为、OPPO、vivo、小米、荣耀、一加、魅族、努比亚、联想和美图等。

具体的调研内容可以分为价格、市场、用户喜爱程度等，可以对每一个调研内容都设计一份问卷调查，来进行数据搜集，也可以针对某一款手机进行多个方面的数据搜集。如图 3-37 所示，为酷派手机的调研界面。

图 3-37   酷派手机的调研界面

3) 环境调研案例

在商业计划书中的市场调研内容中，环境调研内容与行业和产品等内容同等重要。环境调研是指对影响产品或项目进行发展的外部因素所进行的调查，即政治内容因素、经济内容因素、社会文化因素、技术水平因素、法律限制因素以及市场竞争因素等。

这些外部因素对产品或项目的发展会产生巨大的影响，所以对其进行深入细致的调查研究是非常有必要的。如图 3-38 所示，为骨灰盒产品的社会文化因素调研。

安徽专利真空骨灰盒商业计划书

在中国历史和中国文化中，殡葬是一个重要的内容，有非常深厚的文化内涵。中国崇尚孝道，民间传颂的"二十四孝"中就有"卖身葬父""闻雷泣墓"等很多故事。中国人一般都希望用土葬的形式安葬遗体，称之为"入土为安"，因此土葬是中国人的主流葬法。改革开放以来，中国的经济及科技有了跨越式发展，在殡葬业方面，科技的应用也有了很大进步，但在人文殡葬方面却显得有些落后。在中国传统民间文化中，逝者就是"神"，骨灰盒是作为逝者最为敬重的归宿。

图 3-38　对骨灰盒产品的社会文化因素调研

第4章

7个策略，打造令人心动的营销和盈利模式

学前提示

在互联网时代，没有营销的助力，企业就无法快速扩大其影响力，也就无法吸引投资人的注意力。

本章从营销的多种策略出发，深入剖析不同策略的重点和内容，围绕营销的形式特点、内容展示和实战案例等方面进行。

要点展示

- ❖ 市场营销策略分析
- ❖ 产品促销策略分析
- ❖ 推广营销策略分析
- ❖ 模式落地策略分析
- ❖ 竞争营销策略分析
- ❖ 广告营销策略分析
- ❖ 盈利模式策略分析

029　市场营销策略分析

市场营销策略的重点在于产品上市前期对市场的分析，并根据相关条件推导出适用的营销策略。市场营销策略是企业的管理与运营过程中至关重要的一部分，企业需要在了解市场营销的基础上，提出市场营销的设想、对营销进行整体的规划，并构建市场营销策略，从而实现最终的营销目标。

1. 市场营销的形式特色

市场营销的目标是为了满足消费者或用户的直接需求，从而根据市场条件来提供相应的产品或服务的活动。市场营销策略分析的内容以市场营销为核心，其内容特点主要分为 6 个方面，即全局性的把握、长远性的要求、纲领性的作用、竞争性的体现、应变性的调整、稳定性的表现。

在市场营销策略分析中，需要涉及具体时间的规划、营销策略的调整以及可能存在的激烈竞争等因素。

2. 策略分析的内容展示

在商业计划书中，市场营销策略的内容展示主要分为 3 个步骤，即分析市场上的相关信息、根据市场提出细分策略、打造完整市场营销策略。

1) 分析市场上的相关信息

分析市场上的市场结构、消费者及竞争者的相关信息，来确定营销的目标和长期计划。在此过程中，我们需要做的就是先收集并分析市场信息、调查市场营销的特点，并对已有的市场资源情况进行评价，从而选择市场营销的突破口，打好市场营销策略的基础。

2) 根据市场提出细分策略

对于需要通过商业计划书进行融资的企业或团队而言，往往没有足够的资本对整个市场进行营销，而是选择细分的产品市场作为突破口进行市场分析。在市场营销策略分析中，创作者就需要向投资人清晰地展示企业或团队的市场细分策略。市场细分策略中常见的内容主要有 3 点，即分析细分市场特点、分析细分市场需求、分析细分市场竞争。

3) 打造完整市场营销策略

在完整的市场营销策略中，往往涉及多个细分的营销策略领域，比如产品策略、价格策略、渠道策略和促销策略等，这些细分的营销策略组成了完整的市场营销策略。在商业计划书的具体内容中，还包括企业或团队对产品质量、包装、价格、广告、销售渠道等方面的优化组合说明。

创作完整的市场营销策略时，还需要对管理方面的内容进行要求，这是其他营销策略所不需要的。如图 4-1 所示,为市场营销策略的管理分析。

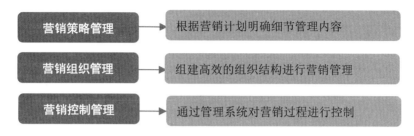

图 4-1　市场营销策略的管理分析

3. 市场营销策略的案例

如图 4-2 所示,为市场营销策略中,分析市场上的相关信息的案例内容。

> **分析市场上的相关信息**
> 　　××地区的××产品市场开发程度较低,但随着市场需求的加大,××市场成了社会经济不可分割的重要部分。
> 　　××品牌与××品牌竞争的格局下,××地区的××市场中存在的产品较多,比如××、××、××等,品种样样齐全,共有 10 大类主流产品。到 2015 年年末,××地区的产品年产量已达到 1000 万吨,其中××约占总量的 20%左右,××约占总量的30%左右。
> 　　××品牌采用的主要是无差异市场策略,目标客户显得比较广泛。从 2016 年开始,××品牌把产品消费者集中到××群体身上,相关广告文案内容以活力充沛的健康××群体为主。

图 4-2　分析市场上的相关信息

如图 4-3 所示,为市场营销策略中,根据市场提出细分策略的案例内容。

> **根据市场提出细分策略**
> 　　××公司生产不同种类的××产品,采取产品多样化的策略来应对瞬息万变的市场,在细分市场的选择上,每种产品都有其特定的消费群体。
> 　　某某产品——××公司最畅销的产品,主要成分是××、××、××以及含量不足 2%的神秘配方,目标市场为忠实消费者,年龄层包括儿童、年轻人乃至中年人。
> 　　某某产品——新推出的××型产品,晶莹透明的液体给人××的感觉,目标市场为追求刺激、个性、冒险的××年轻群体,喜欢××味和××味的大众。
> 　　某某产品——成功地将××味和××味完美地结合在一起,形成独具一格的××口感,成为××公司进入××市场的生力军,产品的目标市场主要为喜爱新鲜事物的消费人群。

图 4-3　根据市场提出细分策略

如图 4-4 所示,为市场营销策略中,打造完整市场营销策略的案例内容。

> **打造完整市场营销策略**
>
> ××公司的定价策略普遍采用××模式定价,将××或××、××等合理搭配,适当调低价格,达到促销产品的目的,同时也使××速度得到大大提高。
>
> ××策略较典型的是××套餐,总之就是给消费者一点小恩小惠,用优惠让利诱惑消费者,吸引消费者不断地购买,继而提高顾客的××速度,提升产品的营业额,最终目的就是增强竞争力。
>
> ××公司的广告定位非常明确,或者是针对××,或者是针对××,广告画面清新明丽,通过表演者的表演传达出××信息。在营销策略上,××运用多种灵活的促销方式来拓展××市场,比如说节日促销,或者在生日宴会上促销等。

图 4-4　打造完整市场营销策略

030　竞争营销策略分析

竞争营销策略主要是针对竞争对手的信息进行对比分析,从而通过产品的差异化展示来获得市场,进而推出适合自身发展的营销策略。

在市场中必然会存在竞争对手,而竞争对手又抢占着大量的市场资源,这势必会影响到我们自身的发展。因此,我们需要对竞争对手的营销细节进行必要的分析,从而推出有潜力的营销策略。

1. 竞争营销的形式特色

在竞争对手的类型方面,行业或团队根据发展定位的不同而存在不同的竞争对手。竞争对手主要有 4 个来源,即已长期发展的企业、一体化的大型企业、发展中的新兴企业、潜在技术竞争的企业。

竞争营销策略的内容核心在于对竞争对手的营销方式进行分析、了解对手的策略,从而制定符合自身企业或产品的发展之路。竞争营销策略分析的内容特点主要有核心内容的突出性强、企业发展的基础分析、资源利用详细化展示、差异创新与优异制胜等 4 个特点。

2. 策略分析的内容展示

在商业计划书中,竞争营销策略的内容展示主要分为 3 个步骤,接下来,笔者将进行具体的解读。

1) 信息收集与整理分析

竞争营销策略中主要的内容来源就是收集信息,通过信息再进行具体分析。收集竞争对手的相关信息主要有 9 个来源,即对手的广告、年度报告书、公司的历史、季度报告书、产品说明书、销售员反馈、行业出版物、供应商评价、管理者演讲和专家的意见。

2)　竞争对手的优劣分析

竞争对手的优劣分析就是将对手的产品进行分解分析，提炼出其优势和劣势，从而更好地指导自身企业的发展。

竞争对手的优劣分析内容主要分为 5 点，即竞争对手的销售额、竞争对手的市场份额、竞争对手企业的现金流量、企业设备能力的利用、竞争对手产品的创新投资。

3)　竞争对手的发展分析

预测竞争对手的发展，能够让自身企业的发展占据制高点，从而有效地把握产品市场的发展趋势，实现产品先发制人的效果。竞争对手的发展分析往往是商业计划书中不被重视的内容，但是其直接影响着企业或团队未来发展的实际效果。

如图 4-5 所示，为竞争对手的发展分析中的核心内容。

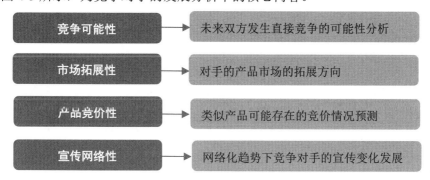

图 4-5　竞争对手的发展分析中的核心内容

3. 竞争营销策略的案例

如图 4-6 所示，为竞争营销策略中，信息收集与整理分析的案例内容。

> **信息收集与整理分析**
>
> 为了更全面地了解和分析对手的竞争战略，××企业根据××行业的自身实际，选定了竞争规模、技术创新、市场开拓、人力资源、持续盈利、偿债能力、资产运营、持续发展等八个方面的内容进行比较分析，重点搜集相关信息，并通过数值的方式表现，直接判断目前状况。
>
> 在主要的八个方面内容分析中，每个方面又分为了 3～6 个不同的指标，通过这些细化的最重要的比较内容，能够全面涵盖各个领域的竞争力对比点，最终实现的数据搜集目标明确。
>
> 通过对竞争对手半年的数据信息搜集，比较的结果显示，八个指标中××能力与××能力的分值，都是 25 分，同时××能力与××能力相对较弱，只维持在较低的分数水平上。

图 4-6　信息收集与整理分析的案例内容

如图 4-7 所示，为竞争营销策略中，竞争对手的优劣分析的案例内容。

如图 4-8 所示，为竞争营销策略中，竞争对手的发展分析的案例内容。

竞争对手的优劣分析

从相关数据的反馈进行具体分析，××公司与××公司的差距主要体现在××与××管理上。

除此之外，××方面的不足更体现在××业务方面，直接影响产品利润。目前，××地区几乎 50%的高端××品种都被××公司所垄断。××公司生产的××系列品牌，仅在××地区的中、低端市场有一定的销售额。此外，在××产品方面，××企业与××公司的实力差距相当明显。

图 4-7　竞争对手的优劣分析

竞争对手的发展分析

尽管目前××公司并没有直接和××等公司进行正面竞争，但是随着竞争对手的发展趋势，未来很有可能会碰撞。

竞争对手主要的发展趋势分析如下所示：

××企业中几乎所有的成品××站都已由××网络相连，其××方面的成本已经降到了最低。另外，随着科技的进步，三大××公司在未来的每年中，××销售量会达到各自产量的 1.5 倍以上，发展速度十分惊人。

××公司的信息化程度相当高，基本实现了××与××便捷服务，其中××业务的直接成品利润高达 80%，同时××业务等概念已经基本成熟。

随着市场发展趋势的明显化，竞争对手必将在未来的几年内开拓××市场，和××企业进行直接竞争，对于××企业而言，要做好防御准备。

图 4-8　竞争对手的发展分析

031　产品促销策略分析

产品促销策略的核心在于促销活动的形式。促销是为了达成促进某种商品或服务的销售目标，因而进行降价等活动。

根据促销策略的不同，促销活动又可分为多种不同的模式。关于促销活动的模式，笔者将在以下进行具体的解读。

随着市场竞争环境的加剧，要想提高商品和服务的销售量，企业和商家必须提升自身的影响力，并推出产品促销策略，从而吸引更多目标消费者，达到实现最终营销目标的目的。

1．产品促销的形式特色

促销活动的模式多种多样，常见的产品促销模式主要可以分为 4 种，下面笔者将进行具体说明。

（1）**价格促销**。如提价打折、限时抢购、一元促销、临时调价、阶段价格、降价打折、店庆打折、套餐打折等。

(2) **节日促销**。如春节促销、清明促销、端午促销、中秋促销、圣诞促销、妇女节促销、情人节促销、教师节促销等。

(3) **奖品促销**。如中奖折扣、中奖返现、满额减免、满额送礼、开盖有奖、活动送礼、抽奖送礼、入店有奖。

(4) **广告促销**。如现场广告、暗示效应、品牌广告、对比广告、名人广告、用户作证、借力广告、联合广告等。

并不是所有的企业都会采用产品促销的方式来推动企业的影响力，但是在一些行业中采用产品促销的方式是非常常见的。如手机数码、食品、办公用品、服装、家居、服务、娱乐、旅游、医药和零售等行业。

在商业计划书中，创作者可以根据行业的特点来确定是否需要提出产品促销的策略。

2．策略分析的内容展示

根据产品的特性而定，在商业计划书中的产品促销策略可以进行详细表述，也可以一笔带过。

如果是详细表述，那么从全面性的要求出发，还需要对产品促销活动的具体细节进行简单说明。

促销活动内容包括 5 个方面的信息，即活动的时间地点、活动的相关对象、活动的主题意义、活动的目的效果、活动的流程安排。

3．产品促销策略的案例

如图 4-9 所示，为产品促销策略中，活动的流程安排的案例内容。

活动的流程安排的案例内容

1．××购物可参加此次幸运顾客免单抽奖活动，幸运者能够成为××商城的免单者，享受商城购物不花钱的幸运之旅。请您在当天活动结束之后，登录商城网站或关注商城微信公众号，查询是否中奖。

2．凡在活动期间在××超市及××超市购物金额满 38 元以上（包含 38 元）的用户均可参加。消费金额每增加 50 元可以增加一次抽奖机会，获得送出的礼物，最多限抽三次。

3．凡在××百货及××超市参加本次活动，在专柜购买满500元以上（包含500元），均可以立减 200 元，满 1000 元立减 500 元，依次类推，多买多减。单张收银小票不能累计，只可在同一专柜累积消费金额。

图 4-9　活动的流程安排

如图 4-10 所示，为某公司的促销广告宣传海报。

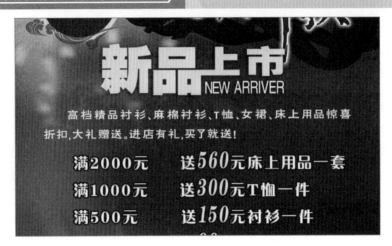

图 4-10　某公司的促销广告宣传海报

032　广告营销策略分析

通过广告对企业或产品进行宣传，是较为常见的一种营销策略。因为消费者可以接触到的产品信息比较有限。

所以，很多产品难以获得足够多的消费者。因此，企业和商家需要通过必要的广告宣传，提升产品的影响力和知名度，扩大产品的受众基础，从而达到促销的目的。

1. 广告营销的形式特色

企业或产品的广告营销根据广告目标的不同，而分为多种不同类型的广告。企业或产品相关的营销广告类型主要分为 6 种类型，即企业形象广告、产品公益广告、功能宣传广告、品质宣传广告、产品品牌广告、产品活动广告。

在商业计划书中，广告营销策略的内容主要围绕 3 个中心点进行，即产品本身的信息、服务本身的信息和相关的广告预算。

2. 策略分析的内容展示

广告营销策略的内容主要包括 5 个方面的信息，即分析产品的信息、分析产品的受众、分析广告的内容、分析广告的形势和分析广告的效果。

在具体的营销广告中，为了符合用户的需求和阅读习惯，还需要注意如图 4-11 所示的 4 个写作要求。

3. 广告营销策略的案例

如图 4-12 所示，为广告营销策略中，分析产品信息的案例内容。

如图 4-13 所示，为广告营销策略中，分析产品受众的案例内容。

如图 4-14 所示，为广告营销策略中，分析广告内容的案例内容。

如图 4-15 所示，为广告营销策略中，分析广告形式的案例内容。
如图 4-16 所示，为广告营销策略中，分析广告效果的案例内容。

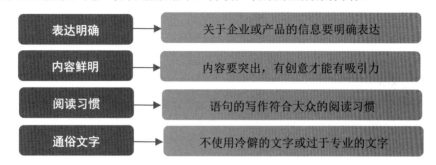

图 4-11　营销广告的 4 个写作要求

分析产品的信息
产品信息分析上，××集团的产品主要有六大特色，如下所示。
1．为××用户提供无限的创造空间；
2．适合不同性别的孩子；
3．产品没有时间限制；
4．容易吸引孩子的注意力；
5．无数种游戏方式；
6．提升孩子的创造能力；

图 4-12　分析产品的信息

分析产品的受众
　　××产品的消费者和使用者很多情况下分离的，特别是适合 15 岁以下儿童的××产品，主要由家长购买，由孩子使用。目标受众定位为购买力较强的 30 岁左右，受过良好教育、有稳定工作、收入较高的人群。
　　重点分析消费群体，其生活独立、自主，可以支配自己的收入，疼爱孩子，关爱孩子的成长和未来，愿意为孩子投入金钱和时间。这些人是××产品消费的主要对象，其作用主要是作为礼物，××公司的产品符合礼物的相关需求。
　　从综合出发，××产品既要投孩子们所好，也要赢得其父母的心。

图 4-13　分析产品的受众

分析广告的内容
　　为了吸引××的注意力，广告内容可以根据每一款××产品的附加故事入手，比如《西游记》有洞穴、沙丘等各种各样的场景；《星球大战》系列有星战基地和战斗机等。
　　在××广告的具体内容上，可以推出的故事系列包括寻宝、探险、科幻、王子公主，也能以赛车、基地、球类活动等策略性的布置为主的广告展示。

图 4-14　分析广告的内容

> **分析广告的形式**
>
> ××公司的广告创意主要分为三个方面的内容：第一，根据季节的不同，推出每一季的不同系列，直接将产品特性展现在广告中；第二，可以和一些儿童节目联手开展比赛；第三，开发符合当地特色的××产品，减少代入感。

图 4-15　分析广告的形式

> **分析广告的效果**
>
> 广告效果预测主要是检验广告活动是否取得了预期效果，根据相关反馈信息可以进行以后的广告策划。在具体的内容上，主要设定以下标准：
> 1．广告是否开发了新的受众需求市场，对原有市场进行了扩容；
> 2．广告是否激发潜在用户的购买欲望，有效地引导购买行为；
> 3．广告是否提升了自身企业在销售市场中的直接占有率。

图 4-16　分析广告的效果

033　推广营销策略分析

产品的营销与推广往往是作为一个整体的，在商业计划书中，如果没有体现推广的渠道分析信息，那么在实际中，营销计划就无法获得有效的实现，这样的商业计划书也就不可能获得投资人的认可。

推广营销策略中常见的渠道推广方式主要有 3 种，即**分销渠道推广、媒体渠道推广和 App 渠道推广**。

1．分销渠道推广

分销渠道是指产品在销售过程中，需要直接或间接经过的途径。产品进入销售时期之后，产品被提供给中间的代理商，而产品也由此进入了分销渠道的起点。而产品要真正到达终端消费者手中，还得流经多层次的分销渠道。

在商业计划书中，确定和选择分销的渠道推广模式是核心内容。**在分销渠道推广的内容中，需要充分考虑到产品本身的特点、市场容量的大小和需求面的宽窄等问题。**常见的分销渠道推广主要有 3 种类型，即本地多层次合作分销、异地多层次合作分销和与其他公司合作分销。

如图 4-17 所示，为推广营销策略中，分销渠道推广的案例内容。

2．媒体渠道推广

媒体渠道推广的方式是最为常见的推广，因为媒体信息能够直接影响受众，所以，媒体往往存在于大众的聚集地。而媒体传播信息要想获得更好的效果，实现媒体推广的价值，还得重点提高媒体的覆盖率和影响力。

```
本地多层次合作分销
    作为依托××资源的××市场，本地××是项目成功的关键。就实际情况而言，
本地××的购买热情不高，出现观望情绪。选择本地分销方案的模式，在接下来的×
×过程中，要加大对××的优惠力度，要从××价格、××位置、××宣传等多方面
给予资源支持，强化本地××的信心。
异地多层次合作分销
    在××阶段，××项目的××宣传基本都以××地区为主，包括下辖的××客
户。根据分销的需求，在接下来的××过程中，开始采用××的模式，即由××部门
派出××团队，在××地区设立接待处，并执行分销推广。
与其他公司合作分销
    在××部门进行××销售的基础上，通过引进××公司合作销售，首先选择×
×、××等地区销售，在合作分销的过程中，要注意避免中间环节，并由××部进行
统一的管理协调。
```

图 4-17　分销渠道推广

在目前的媒体渠道中，可用于推广的渠道主要分为传统媒体渠道和互联网媒体渠道两种类型，其中互联网媒体渠道是未来的主流推广方式。

常见的互联网渠道推广方式主要有 10 种，即博客推广、问答平台推广、门户网站推广、百度贴吧推广、交友社区推广、微信宣传推广、软文推广、搜索引擎推广、事件热点推广、网络口碑推广。

媒体渠道推广如果按照承载信息的介质不同进行分类，可以分为 6 种，即电视媒体推广、电台媒体推广、报纸媒体推广、杂志媒体推广、网络媒体推广和户外广告牌推广。如图 4-18 所示，为推广营销策略中，媒体渠道推广的案例内容。

```
媒体渠道推广
1．网络推广媒体
    优点：互联网与三大传统媒体不同之处显而易见，在形式上集三大传统媒体的诸
多优势为一体，属于新时期的数字化媒体。效果上具有全球性、时效长、开放性、互
动性、即时性等优势特点。
2．电视广告媒体
    优点：媒体信息传速比较迅速，广告信息的覆盖面较广，内容的普及性强，易于
受众接受。
3．杂志广告媒体
    优点：广告的对象较为明确，大众的选择性强，形式印刷精美，内容信息具有稳
定性，同时在受众方面，便于阅读和保存。
4．报纸广告媒体
    优点：报纸在版面上往往篇幅较多，信息的承载量也较大，文字功能方面的解释
能力比较突出，对于人众而言，其可信任程度高，具有权威性。
```

图 4-18　媒体渠道推广

3．App 渠道推广

在企业或产品的渠道推广中，越来越明显的一个趋势就是利用 App 应用程序进行精准化的信息推广。用户在访问 App 时，广告信息就直接展示出来，这种方式不容

易引起用户的反感。

如图 4-19 所示,为农产品销售领域的企业 App 的相关界面。

图 4-19　农产品销售领域的企业 App 的相关界面

034　盈利模式策略分析

盈利模式就是企业或团队如何获得利润的方式,盈利模式主要与 3 个方面的内容直接相关,即企业或者团队的收入结构、企业或团队的成本结构、模式可提供的相应利润。在市场经济中,盈利模式普遍被认为是企业或团队整合已有资源及合作者的资源,从而打造的一种实现利润、获得利润、分配利润的商业架构。

在本节中,盈利模式的全面分析介绍主要分为 4 个方面的内容,即盈利模式的类型、传统模式的盈利、电商模式的盈利和团购模式的盈利。

根据初创企业和成熟企业的分类,盈利模式大致可以分为两种简单的类型,分别是自发的企业盈利模式和自主的企业盈利模式。如图 4-20 所示,为两种盈利模式的内容分析。

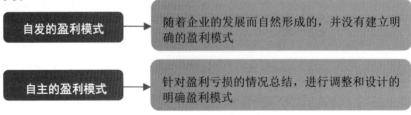

图 4-20　两种盈利模式的内容分析

对于初创企业而言，盈利模式往往是自发的，根据企业的定位而自然形成，随着企业的发展，盈利模式才会被明确地逐步建立起来。

这两种盈利模式的特点区分明显，自发的盈利模式的特点主要包括信息隐蔽性、内容模糊性、利润自发性、缺乏灵活性。而自主的盈利模式的特点则主要包括模式清晰性、内容针对性、相对稳定性和盈利灵活性。

1. 传统模式的盈利

在传统模式中，企业盈利的方式大多类似，主要集中在少数的几种模式中。以家乐福零售连锁超市为例，如图 4-21 所示，为家乐福超市的实体店铺。

图 4-21　家乐福超市的实体店铺

2. 电商模式的盈利

电商就是电子商务，是指通过电子交易的方式来完成相关工作，向用户提供产品和服务。与传统的商务模式相比，电商模式就是将原有的商业活动环节进行互联网化的结果。电商模式的盈利模式主要有 6 种类型，如图 4-22 所示，为不同盈利模式的具体内容分析。

在多种盈利模式中，**O2O** 模式是融合传统营销模式优点和互联网营销模式优点的一种盈利方式，在未来的发展中，其影响力有极大的提升空间。如图 4-23 所示，为淘宝电商的线下实体店与线上平台打造的 O2O 模式概念图。

3. 团购模式的盈利

在盈利模式中，还有一种较为常见的模式就是团购。**团购模式的核心就是薄利多销**，当产品或服务的对象达到一定的预订数量时，商家就以低于正常水平的价格将产品或服务提供给消费者。

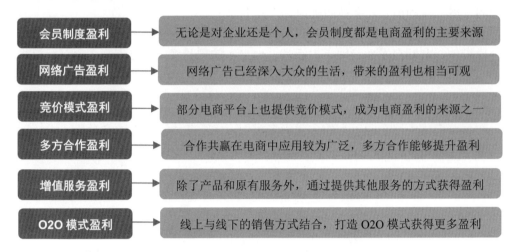

图 4-22 不同盈利模式的具体内容分析

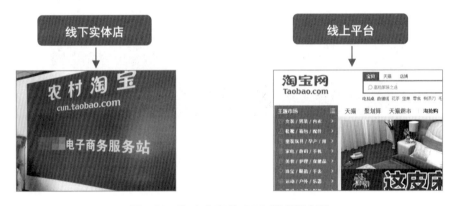

图 4-23 淘宝电商的 O2O 模式概念图

团购模式的成功,促使了互联网商业模式的改变,目前大部分电商平台上都会有团购模式,并作为产品营销的主要方式之一。

团购模式根据线上运作和线下运作的不同,分为两种。如图 4-24 所示,为线上团购和线下团购两种模式的内容分析。

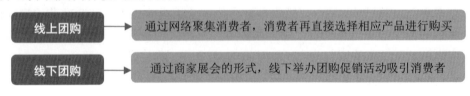

图 4-24 不同团购模式的内容分析

如图 4-25 所示,为团购领域中较有影响力的美团网的官方主页。

图 4-25　团购领域中较有影响力的美团网的官方主页

4. 盈利模式的中心点

尽管盈利模式的表现形式各有不同，但是对于企业或团队而言，盈利的中心点是固定的，主要有 6 种盈利中心点，即以产品为中心、以规模为中心、以渠道为中心、以品牌为中心、以合作为中心、以借鉴为中心。

1) 以产品为中心点获得盈利

以产品为中心，就是致力于产品的质量、创新、性价比等方面的改进，通过提供更好的产品满足用户需求，从而获得更多的盈利。

如图 4-26 所示，为 iPhone XR 手机的宣传图，该图重点突出了 iPhone XR 手机屏幕大、色域广等特点。

2) 以规模为中心获得盈利

拓展产品的规模，比如线上与线下的结合，同时实现跨行业发展等战略，打造更大的产品规模，实现更多的销售利润。

如图 4-27 所示，为恰恰和春纪合作推出的"瓜子脸"面膜的相关图片，这便是跨界合作之后推出的产品。

3) 以渠道为中心获得盈利

在传统渠道中，多级分销商会减少商家的利润，而互联网打造的新兴网络渠道减少了传统销售的复杂程度，从而提高了盈利水平。

如图 4-28 所示，为当当网平台上《三体》书籍的商品搜索界面，其中标注的"当当自营"就是表示此类商品由当当网直接销售给用户，而不是分级销售。通过这种方法，当当网节省了资源和开支，提高了产品盈利。

图 4-26　iPhone XR 手机的宣传图

图 4-27　"瓜子脸"面膜的相关图片

4）以品牌为中心获得盈利

善于利用品牌的影响力，也是提升盈利的一个方法。**对于已经形成品牌效应的企业而言，品牌能够使产品的销售变得更容易。**

如图 4-29 所示，为"六个核桃"的产品海报，其打造的"经常用脑、多喝六个核桃"的品牌诉求深受大众认可。

图 4-28　当当网平台上《三体》书籍的商品搜索界面

图 4-29　"六个核桃"的产品海报

5) 以合作为中心获得盈利

合作共赢是常见的扩大产品影响力的手段，也是提升产品盈利的重要方式。两个或多个品牌将各自的产品通过某个销售卖点联合起来，达到以原有的销售方式无法达到的盈利效果。

如图 4-30 所示，为高露洁与狮王两个品牌的联合营销海报。

6) 以借鉴为中心获得盈利

借鉴产品设计在互联网时代是较为常见的，尤其是对于初创企业而言，学习其他产品的优点并转化为己有，同样是获得盈利的一种方式。**需要注意的是，在借鉴的同时，产品必须要有一定的创新体现。**

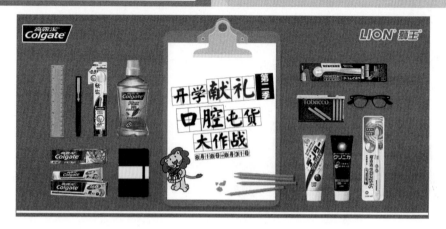

图 4-30 高露洁与狮王两个品牌的联合营销海报

如图 4-31 所示，为某款产品在设计上的借鉴表现。

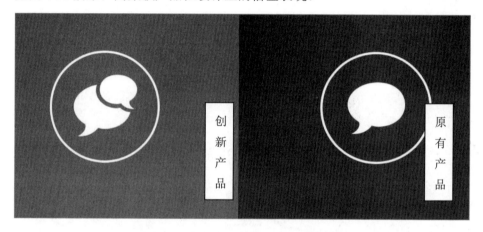

图 4-31 某款产品在设计上的借鉴表现

035 模式落地策略分析

盈利模式必须要直接清楚地展现在商业计划书中，才能够获得投资人的关注，越详细、真实的盈利模式，越容易获得投资人的认可。在商业计划书中，盈利模式的写作技巧具体分为 3 个方面的内容，即建立盈利模式的维度、企业的发展规划展示、企业的盈利模式展示。

1. 建立盈利模式的维度

对于商业计划书的创作者而言，如果对于公司或团队的盈利模式并没有深刻的认识，就可以从建立盈利模式的多个维度方面逐步进行分析，并根据实际情况创作相关内容。

如图 4-32 所示，为建立企业盈利模式的 4 个维度内容。

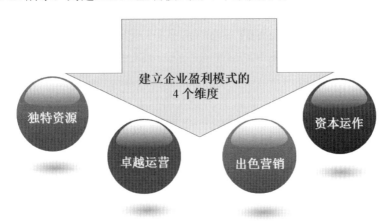

图 4-32　建立企业盈利模式的 4 个维度内容

2．企业的发展规划展示

体现企业的发展计划往往是推出企业盈利模式的基础条件，没有长期的发展计划展示，盈利模式就属于空穴来风。

如图 4-33 所示，为某商业计划书中的发展计划的相关内容。

> 第一个阶段：市场调研，分析问卷，了解客户需求。
>
> 第二个阶段：确定货源，开发客户。
>
> 第三个阶段：进驻淘宝商城　实体店开张；淘宝网开店。
>
> 第四个阶段：宣传推广。
>
> 第五个阶段：网店及实体店进入正轨运营。
>
> 第六个阶段：开发自己的网站。
>
> 第七个阶段：将网店做大做强。

图 4-33　某商业计划书中的发展计划的相关内容

3．企业的盈利模式展示

企业的盈利模式以企业的发展计划为基础，具体盈利内容根据企业类型的不同而不同。以网络店铺为例，如图 4-34 所示，为某网络店铺的商业计划书中的盈利模式分析内容。

买一件应季的衣服，采用传统的途径解决问题，需要空出专门的时间，到商业区进行逛、挑、试、买几个动作，当然如果后续不满意还要加上个退的环节，从这个方面来说，要买这件衣服所花的除了标签上标的价格之外，还要花费时间成本、交通成本等等，劳心劳力；而相对于网购，点击鼠标，半个小时完成挑选对比，除了不能试穿，全部搞定，可以安心地等待衣服上门，而且价格绝对要比商城里便宜得多（因为不必支付商城的物业、人员、广告等等成本的均摊）。可谓既省时间，又省金钱。

  同时令顾客担忧的依然是信誉问题，因此我们的营销模式将采用实体店加网店同时运营，这样我们网店在网上的信誉将得到极大的提高。

图 4-34　某网络店铺的商业计划书中的盈利模式分析内容

第 5 章

7 项分析，制订备受投资人青睐的财务计划

学前提示

财务计划中的资金问题直接关系到投资人的未来收益情况，所以财务计划往往是投资人关注的核心内容。

本章内容以商业计划书中财务信息的撰写和注意事项为核心，了解如何打造一份优质的财务计划，提升商业计划书对投资人的吸引力。

要点展示

❖ 财务计划的制订步骤
❖ 如何制订打动人心的计划
❖ 运营数据的几个突出
❖ 财务预测中的3大要素
❖ 需要体现的重点内容
❖ 运营数据的几个方向
❖ 投资人重点关注的问题

036 财务计划的制订步骤

财务计划是企业或团队对相关资金的使用、经营的收支及财务的成果等方面信息进行整合的书面文件。

财务计划并不是无中生有的,必须根据已有的条件基础来完成。商业计划书的创作者在完成财务计划之前,需要对相关的企业或团队信息有一定的认识。财务计划创作前需知 6 个方面的内容,即产品的生产信息、产品的销售信息、市场物资供应情况、人员工资支出信息、生产设备支出信息、企业预期发展计划。

财务计划对于企业或团队的发展是有一定指导作用的,获得足够的利润是团队发展的目标之一,而要想获得足够的利润,还得通过财务计划管理利润信息,打造内部的经济责任制,从而在促使生产活动正常进行的基础上,提高整体的经济效益。

1. 财务计划的内容步骤

在整个财务计划的创作内容中,尽管财务计划的核心重点根据企业情况的不同而有所不同,但主要有**编制计划报表、确认所需资金、预测资金流向、建立财务系统和信息反馈设置等 5 个要素**。下面针对这些内容要素进行简单的分析,对各要素在财务计划中所起的作用进行了解认识。

1) 编制计划报表

如图 5-1 所示,为对编制计划报表相关内容的具体分析。

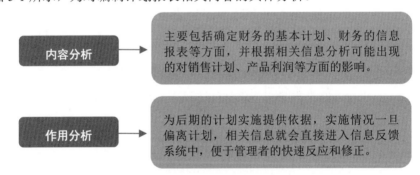

图 5-1 对编制计划报表相关内容的具体分析

2) 确认所需资金

如图 5-2 所示,为对确认所需资金相关内容的具体分析。

3) 预测资金流向

如图 5-3 所示,为对预测资金流向相关内容的具体分析。

4) 建立财务系统

如图 5-4 所示,为对建立财务系统相关内容的具体分析。

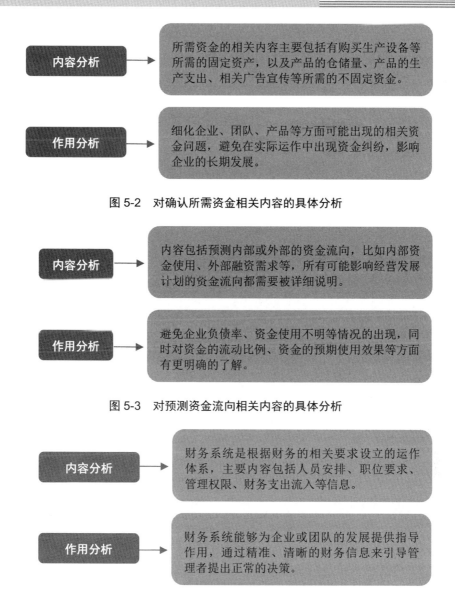

图 5-2 对确认所需资金相关内容的具体分析

图 5-3 对预测资金流向相关内容的具体分析

图 5-4 对建立财务系统相关内容的具体分析

5) 信息反馈设置

如图 5-5 所示,为对信息反馈设置相关内容的具体分析。

2. 内容中要体现的问题

在财务计划中,创作者需要尽可能地细化与财务相关的问题,并提出明确的解决方法,从而打动投资人的投资信心。

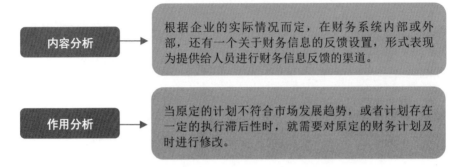

图 5-5 对信息反馈设置相关内容的具体分析

常见的财务计划内容中要体现的问题主要有 6 种,即产品规模问题、企业发展问题、产品生产问题、产品价格问题、团队人才问题、财务预算问题。如图 5-6 所示,为问题的具体内容分析。

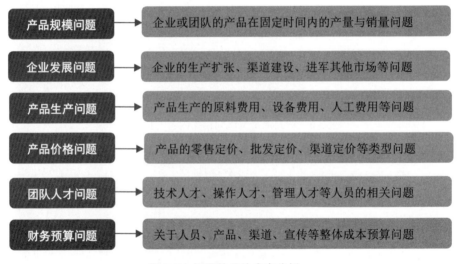

图 5-6 问题的具体内容分析

3. 编制计划的 4 种方式

在具体的财务计划的编制方式中,常见的主要有 4 种方式,根据企业的实际需求而定,比如不同规模、不同发展时期的企业所需要的财务计划,在形式上就会存在明显的不同。

如图 5-7 所示,为常见的编制计划的方式。

4. 创作计划的 4 个原则

为了使财务计划的内容能够达到预期的效果,在制订财务计划时需掌握如图 5-8 所示的 4 个原则。

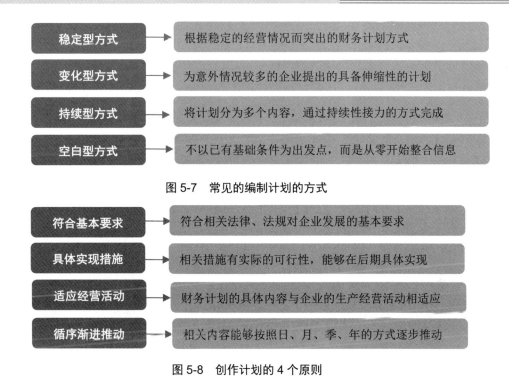

图 5-7　常见的编制计划的方式

图 5-8　创作计划的 4 个原则

037　需要体现的重点内容

财务计划是商业计划书中的重要内容，也是投资人最关注的内容之一。财务计划中有 4 个内容是需要具体体现的，即体现资金的需求信息、展示企业的财务信息、提升企业的评估价值、明确企业的经营目标。

1. 体现资金的需求信息

为什么要在商业计划书中体现资金的需求信息？主要是因为在商业计划书中如果能明确资金的需求总量，展示各阶段的资金需求情况，投资者就能更加直观地了解资金的需求量。而如果资金需求情况合理，投资者就更容易认可你的财务计划，从而更好地作出投资决策。

对于初创企业的商业计划书而言，在商业计划书中将资金的需求信息进行分阶段展示是很有必要的。因为投资人更希望能逐步地投入资金，以便更好地了解资金投入效果，而不是在一开始就将资金全部投入。

2. 展示企业的财务信息

财务信息能够为投资人提供多角度的参考价值，如企业的经营情况现状、进行投资的财务风险、企业的资本结构组成、企业的资金流动情况、企业目前收入和支出情况等。

为投资人全面了解财务信息提供便利，投资人需要从多个方面的信息入手，通过整合信息来全面认识企业或团队的情况，并直接了解和预测投资所带来的相关价值，同时也为了规避投资之后产生的财务风险问题。

3. 提升企业的评估价值

企业的评估价值是指对企业的价值进行分析和评估，具体的运作上是将企业作为单独的个体，根据企业已拥有的资源条件以及盈利水平等方面，结合其他影响因素，来进行综合性评估。

优秀的财务计划书能够为企业的评估价值加分，当投资人认可财务计划书时，就会更加认可企业的财务管理能力，而企业的良好形象自然能更好地建立起来。而在这种情况下，企业的评估价值得到提升，融资的难度也将有所降低。

4. 明确企业的经营目标

商业计划书中的财务计划也为企业的发展明确了方向和重点，所以财务计划往往也是企业经营计划任务书中的重要内容。

如图 5-9 所示，为某企业的经营计划任务书封面内容。

图 5-9　某企业的经营计划任务书封面内容

财务计划更好地促进了企业的长期经营发展，如图 5-10 所示，为明确企业发展的方向和重点所带来的相关优势分析。

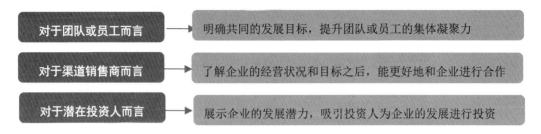

图 5-10　明确企业发展的方向和重点所带来的相关优势分析

038　如何制订打动人心的计划

要想打动投资人，一份合格的财务计划是必不可少的。那么，如何让财务计划为企业加分呢？笔者认为，可以重点做好 3 个方面的计划，打造一个更具说服力的财务计划模型。

1. 产品销售计划

许多企业的收益主要都是来自于产品销售，所以，在投资人看来，产品销售计划的制订直接与自身的投资收益相关。而如果在商业计划书中给出一份能够打动投资人的产品销售计划，获得投资的成功率自然会更高一些。

那么，怎样让产品销售计划对投资人更具说服力呢？笔者认为，可以从两个方面重点突破：一是在调查分析的基础上，严谨地制订产品销售计划，让计划内容更加真实、可靠；二是在产品销售计划中配备对应的数据，让投资人更好地把握计划中的相关内容。

2. 人才招聘计划

一个企业获得发展的动力是什么？有的人可能会说是产品、技术、品牌形象等。其实，无论是产品生产，还是技术发展，抑或是品牌形象打造，都需要靠企业员工来实现。

企业在获得投资之后，势必要扩大经营规模。而随着经营规模的扩大，制订人才招聘计划、招收高素质的人才就变成了必然要面对的一个问题。

那么，人才招聘计划要如何来制定呢？笔者认为除了根据经营规模的扩展情况确定人才招聘的数量之外，更关键的还在于根据企业的发展情况，招聘对应岗位和素质的人才，让企业的扩张计划能够更顺利地推行。

3. 运营成本计划

一个企业是否能够赚到钱，除了好的项目之外，运营成本的控制也非常关键。这也是许多企业特别是大企业，一直将运营成本的控制作为重点内容的重要原因。另外，在投资人看来，企业对运营成本的控制，也是其运营能力的一种反映。因此，在商业计划书中对运营成本做好计划就显得尤为重要了。

在制订运营成本计划时，创业者一方面要对成本进行必要的控制，让投资人觉得你把钱用到了实处；另一方面也必须立足实际情况，而不能为了让数据好看就人为地降低运营成本，因为投资人都有自己的判断力，如果投资人觉得你的数据不真实，很可能会对你产生不信任感。

4. 财务计划的不同类型案例

财务计划根据核心目标的不同可以分为多种类型，如企业融资计划、流动资金需求、资产折旧计划、固定资金需求、对外投资计划、产品利润计划、建设投入计划、财务收支计划、销售收入计划、员工薪酬计划。

在诸多类型的财务计划中，最常见的主要有 3 种类型，分别是**建设投入计划、固定资金需求计划和流动资金需求计划**。

1) 建设投入计划

如图 5-11 所示，为某企业的商业计划书中的建设投入计划案例内容。

为了适应市场需求，▇▇将扩大生产规模，计划投入总额 5310.61 万元，主要投入为加工用房及新引进一批先进技术设备。作为项目建设资金，主要投入费用表见下表：

项目建设投入明细表　　　　　　　单位：万元

序号	工程或费用名称	建筑工程费	设备及工器具购置费	其他费用	合计
1	工程直接费用	3205	1500		4705
2	建设其他费用			352.72	352.72
3	基本预备费			252.89	252.89
4	建设投资合计	3205	1500	605.61	5310.61

图 5-11 某企业的商业计划书中的建设投入计划案例内容

2) 固定资金需求计划

固定资产的类型主要包括建筑、场地、设备、车辆、工具等，属于价值达到相关标准的非货币性资产。如图 5-12 所示，为某企业的商业计划书中固定资金需求计划案例内容。

3) 流动资金需求计划

流动资金的内容与固定资金的内容不同，流动资金又称为营业周转资金，主要是指现有资金、材料购买资金、支出资金、应收资金、证券资金、预订付款资金、风险资金、储备资金等。

项目	具体	金额（元）	比例
房租	公司所在地	10万/年	51.3%
固定资产购置	办公用品、车、电器设备等	5万	25.6%
商品采购	日用品、摆设品等	2万	10.25%
人力资源	员工薪酬、培训管理费等	0.5万/月	2.6%
市场推广宣传	自制宣传单等	2万	10.25%

图 5-12 某企业的商业计划书中固定资金需求计划案例内容

如图 5-13 所示，为某企业的商业计划书中流动资金需求计划案例内容。

序号	项目	最低周转天数	周转次数	年份 3	年份 4	年份 5~10
1	流动资产			231.50	312.25	312.25
1.1	应收账款	15	24	44.48	60.45	60.45
1.2	存货			151.58	210.50	210.50
1.2.1	原辅材料	30	12	56.77	73.43	73.43
1.2.2	备品备件	60	6	10.00	15.00	15.00
1.2.3	在产品	20	18	44.83	66.12	66.12
1.2.4	产成品	15	24	39.98	55.95	55.95
1.3	周转现金	30	12	35.45	41.31	41.31
2	流动负债			11.50	17.25	17.25
2.1	应付账款	30	12	11.50	17.25	17.25
3	流动资金			220.00	295.00	295.00

图 5-13 某企业的商业计划书中流动资金需求计划案例内容

039 运营数据的几个方向

为了达到商业计划书力求简洁的要求，创业者不需要把企业过往的运营数据一一罗列出来，只需要向投资人陈述清楚 3 个方向的运营数据即可，即公司过去的发展情况、商业模式和增长策略是否有效以及企业未来的发展趋势。

1. 了解公司过去的发展情况

每个创业者在与投资人沟通时都免不了介绍公司发展情况，那么要怎样介绍才能给投资人留下深刻的印象呢？公司过去的发展情况一定是必不可少的，通常情况下，一般从介绍公司的发展历程、企业的经营规模和经营特色、以投资人的思维审视过去的发展、产品或服务的市场覆盖范围、价格优势和服务特点、企业文化建设以及社会地位等几个方面进行展示。

2. 验证商业模式与增长策略是否奏效

创业者的最终目标就是赚钱，对于创业者来说，验证商业模式是创业阶段的核心工作。无论是初创公司还是上市公司，商业模式的验证都是一家公司的"成人礼"，这代表着企业在残酷的市场中活了下来。完整的商业模式验证，是验证总投入产出比和产品营销。下面将从8个方面对验证商业模式进行阐述。

1) 目标市场的真实情况与接受程度

通常情况下，目标市场都是真实的，但是对于新项目的未来趋势，除模式之外还与执行有着很大的关系。更多时候，验证目标市场的真实性，不如说是在验证真实市场规模和预期规模的差距。一旦发现市场接受度低于预期太多，一定是某个环节出现了重大问题，这时候就应该停下来梳理商业模式，再考虑下一步。

2) 用户增长率、收入增长率

注意用户与收入的增长率，并参考该行业相关产品的平均增长率。如果低于正常值，就一定要提高警惕，思考商业模式是否出现了问题。

3) 留存率和活跃度

客户的留存率和活跃度能直接反映产品和服务的用户黏性，如果预期的是高频项目，实际上却是低频项目，这是商业模式的不祥之兆。在被市场淘汰之前要及时调整和改进，力求在资源耗尽前找到正确的商业模式。

4) 平均获客成本

如果平均获客成本在很长一段时间内高于行业平均水平，最好和团队成员一起探讨商业模式是否出现了问题。

5) 平均用户收入

用平均获客成本计算成本，用平均客户收入计算收入，收入过高或过低对企业而言都不是好现象，但单纯的平均客户收入高低意义不大，关键还要与竞争对手的情况结合起来进行比较。

6) 增长效率

增长效率是主营收入每增加1元需要付出的营销和运营成本。如果增长效率大于1，那就是个"烧钱"的项目，不是产品设计不成熟就是商业模式出现了问题。

7) 客户付费率和续费率

通过付费率和续费率可以判断商业模式是否虚假繁荣，相比较付费率，续费率更能体现产品的市场认可度。

8) 营销组织形式和营销方式

前面7项是透过结果看模式，而对营销组织形式和营销方式的验证，则要看它是否可预测、可实行、可复制、可持续。这些指标并不能简单地套用在商业模式中，要小心地验证。创业者都要尽早验证自己的商业模式,不要将未经验证的模式随便写入商业计划书,以免影响投资人对企业的印象。

3. 窥探未来的发展趋势

创业者的思路决定了企业未来的发展趋势,影响着企业命运。创业者要随着管理环境的变化而修正和改进自己的发展思路和发展目标,从而实现企业的稳定和可持续发展。对于企业来说,为了在激烈的市场竞争中生存下来,需要有一个清晰、正确的理念作为指导。

而创业者在商业计划书中除了对自己的战略规划进行描述外,一般也可以通过自己的办法从商业计划书中窥探出企业未来的发展潜意识,他们会希望在商业计划书中看到企业者正确的发展思路。

040 运营数据的几个突出

无论商业计划书涵盖的信息量有多大,运营数据始终是投资者最在意的重要因素。运营数据是测试产品是否符合市场的试金石。无论投资人审阅创业者的商业计划书还是观看路演介绍,融资的决定性因素仍然是运营数据。

因此,创业者在撰写商业计划书时要着重突出 3 个方面的运营数据,一是突出关键发展节点;二是突出用户及销售方面的关键数据;三是突出运营数据的增长趋势。

1. 关键发展节点

虽然行业领域和企业情况的差异性会导致企业的关键发展节点不尽相同,但总的来看,初创企业的发展节点主要分为 5 个方面,如图 5-14 所示。

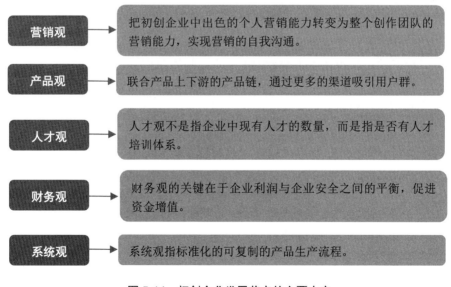

图 5-14 初创企业发展节点的主要内容

2. 突出用户及销售方面的关键数据

数据无处不在，充斥着用户及销售的各个方面，企业的运营必须基于数据。当企业掌握用户和销售方面的数据后，便有了开展业务的基础。不再是基于经验的盲目操作，而是对症下药，更符合用户需求。

如果企业掌握的数据足够多，作决策时就可以不再依赖主观判断，而是让数据成为决策的依据。甚至在理想情况下，如果企业可以掌握所有的数据，所有决策都可以基于数据作出。在投资人眼中，没有运营数据的商业计划书如同一本不切实际的小说，投资人感兴趣的是即使没有融资也能成功的初创企业。成功的创业公司会将理论付诸实践，在市场中收集数据。

如果在阶段性的数据中存在较大的波动，要在商业计划书中说明原因。比如，在节假日进行了商品促销、开展用户测试，或者出现了阶段性的小失误，投资人都可以接受。重要的是要说明原因，打消投资人的疑虑。运营数据的说服力胜于雄辩，良好的用户及销售数据可以进一步提高融资成功率。

3. 突出运营数据的增长趋势

商业计划书中的数据分析要突出企业的增长趋势，换言之，就是要让投资人看到企业的发展潜力。一般来说，公司的成长性可以通过以下 5 个方面体现出来。

1) 总资产增长率

期末总资产减去开始时的总资产，得出的差值除以开始时的总资产的比值就是总资产增长率。企业资产是企业生存和发展的重要基础，公司在扩张期间的业绩规模不断扩大，增加时，有必要关注资金的使用情况，倘若募集资金用做了理财，总资产增长率反映的成长性将大打折扣。

2) 固定资产增长率

固定资产增长率是指用期末的固定资产减去开始的固定资产再除以开始时的固定资产。固定资产的增长反映了生产能力的扩大，特别是在缺口行业。

为了分析固定资产的增长，投资者需要先分析固定资产的增长结构，对于正在建设中的固定资产，投资者会关注完工时间，并仔细揣摩完工后是否会对收入产生实质性的影响，如果固定资产的增长在撰写商业计划书前已经完成，创业者则要将其影响反映在当前的业务报表上。

3) 主营业务收入增长率

主营业务收入增长率是指当前阶段的主营业务收入减去上期主营业务收入再除以上一阶段的主营业务收入，得出的比值就是主营业务收入增长率。通常增长率较高的公司大多数都是正在开发主要业务和主营业务相对单一的公司。主营业务收入增长率高，说明产品的市场接受度好、需求量大，这样的企业业务拓展能力强。

4) 主营利润增长率

主营利润增长率指当前阶段的主营业务利润减去上一阶段的主营业务利润再除以

上一阶段的主营业务利润得到的比值。总体而言，主营利润稳定增长的企业有明显的增长优势。在一些公司的商业计划书中，数据显示，企业年度毛利润大幅增加，但其主营业务利润却大幅下降，这种情况下企业可能存在资产管理成本过高等问题，未来发展存在很大风险。投资人往往不会选择这样的企业。

5) 净收入增长率

净收入增长率指当前年度的净利润减去上一年度的净利润，得到的差再除以上一年度的净利润得到的比值。净收入是企业业绩的最终结果。净收入的持续增长是公司具有增长趋势的一个基本特征，增长率高表明其业绩良好，市场竞争力强。相反，如果投资人在商业计划书上看到的净收入增长值小到可以忽略不计，说明企业的业绩没有增长，这种没有什么成长性的公司则不会被纳入投资人的考虑范畴。

商业计划书中分析公司增长趋势的目的是让投资人观察公司一段时间内业务能力的发展。即使公司有良好的收益回报，但没有很好的发展趋势，也不能很好地吸引投资人。相反，即使企业当前的业务收入并不可观，但与往期相比是不断增长的，这种增长趋势更能打动投资人。

041　投资人重点关注的问题

在查看商业计划书时，投资人会重点关注企业的财务问题。而在编写商业计划书的过程中，需要做的就是把投资人重点关注的财务问题进行必要的说明，消除投资人的投资疑虑，主要也分为3个方面。

1. 资金使用是否合理

与财务直接相关的就是资金，所以，在看财务计划时，投资人实际上看的就是资金，特别是资金使用的相关信息。资金使用情况，不仅是对企业运营情况的一种客观反映，更是对企业运营能力的一种呈现。

对于投资人来说，企业资金是否合理，是对企业运营能力作出判断的重要依据之一，也是决定是否对企业投资的重要因素。在投资人看来，如果企业的资金使用情况是比较合理的，说明企业运营情况相对正常，该企业能够信赖。反之，如果企业的资金使用情况不合理，则说明企业运营异常，企业可能出现了一些问题，投资该企业的风险相对较大。

2. 是否已经严重负债

部分企业因为自身实力有限，再加上盈利水平不高，或者运营出现了一些问题，会背负一定的债务。其实，一个企业背负一定的债务不可怕，毕竟很多大企业都存在负债的情况，甚至负债的数额还比较大。真正可怕的是，背负的债务太过沉重，以至于按照企业当前的发展情况，在短期内难以还清。

而对于投资人来说,被投资企业的负债情况会对被投资企业的未来扩张造成一定的阻碍,进而给投资带来更大的不确定,增加投资的风险。因此,如果企业负债情况比较沉重,大多数投资人是不会考虑进行投资的。

3. 是否存在法律隐患

虽然资金使用不合理、负债沉重都是比较严重的财务问题,但是,相比之下,部分投资人会认为财务存在法律隐患的企业情节更加严重。毕竟,前者只是资金方面出现了问题,而后者则已经涉嫌到了违法。

企业财务方面的常见法律隐患主要包括:由于不能及时还贷造成的信用危机;因为不合理的民间借贷造成的"非法吸收公众存款""集资诈骗""票据诈骗"隐患;未能按照相关规定及时缴税造成的偷税漏税。

企业对财务方面可能存在的法律隐患一定要引起足够的兴趣,如果不存在隐患,自然可以在商业计划书中进行必要的说明;而如果真的发现了法律隐患,就应该静下心来解决隐患。毕竟一味地隐瞒是解决不了任何问题的。

042 财务中预测的 3 大要素

我们在财会业务中通常都会有 3 种基本财务报表,即利润表、资产负债表以及现金流量表。那么,商业计划书中需要包括哪些财务预测方面的内容呢?

1. 利润预测表

利润表反映企业在一定时期内的盈利和亏损情况,利润预测可以让管理者提前了解每月或每年公司盈利的情况,这些预测一般以每月的销售收入、成本和费用作为依据,涉及的主要指标有**销售收入、销售成本及费用、毛利润、毛利率、管理费用及财务费用、净利润(或净亏损)**。

在制定商业计划书的过程中,还没有产生收入,所以不可能制作出真正意义上的利润表,因此我们所制作的是一份利润预测表,也称为"预计利润表"。利润预测表所使用的格式与真正的利润表相同,但是内容是对未来业务经营状况的预期,因此里面的数字都是基于实际经营情况所做的估算。首先对月度的经营情况进行精确估算,再以此为基础对其他财务项目进行估算。

2. 资产负债预测表

资产负债表显示的是企业在某一特定时间内的财务状况,包括资产、负债和资本的情况。资产通常指企业所拥有现金、短期投资、应收票据、应收账款、预付账款、经营性财产和设备等。负债是指企业的应付账款、负债。近期盈利通常计入资本项下,也因此与损益表相关。同时,资产负债预测表也是根据实际情况对未来资产、资本情况和负债所做的估算。

3. 资金流量预测表

资金流量表是3种基本的财务报表之一,所反映的是企业在一定时期内资金收入和资金支出的变动情形。资金流量表反映企业的盈利质量,决定企业的市场价值和竞争力,在制作商业计划书时,如果现金流量表出现了任何一点问题,则会引发一系列烦琐的财务复审工作。因此企业管理者对现金流量表要有足够的重视,做到未雨绸缪,避免现金流量出现问题导致公司出现危机的情况。

制作现金流量表的目的在于提供某一期间的现金收入和支出信息,以反映企业现金周转的时间、金额以及原因等情况,将企业的事业发展直观化与数量化。

第 6 章

7 项解读,
为潜在的各类风险寻找解决之道

学前提示

  风险问题是商业计划书中务必详细说明的部分,这也是为了防止计划落实后因为风险问题而使双方产生纠纷。
  本章内容以风险问题的全面分析介绍、风险问题的多角度分类和风险问题的防范措施为主,让读者充分了解计划实施中可能存在的风险问题。

要点展示

- ❖ 全面地介绍各类风险
- ❖ 风险因素的全面分析
- ❖ 行业风险的相应措施
- ❖ 市场风险的相应措施
- ❖ 政策风险的相应措施
- ❖ 经营风险的相应措施
- ❖ 技术风险的相应措施

043　全面地介绍各类风险

在商业计划书中，风险问题主要是指因为多种不确定因素而导致的可能出现的资金损失。它主要有 3 种不确定因素的类型，即风险出现的不确定、风险时间的不确定、风险结果的不确定。

商业计划书中提出风险解决方法的原因分析主要包括商业计划书内容落实有误差、实际运作产生多种可能、认为事件存在一定风险、提前了解可能的风险、计划书中标注解决方法。

在商业计划书中，风险问题主要涉及 5 个方面的因素，即风险因素、风险事件、风险损失、风险管理和管理目标。

1. 风险因素

风险因素是指能够使项目或计划产生意外风险损失的因素，往往是造成财产损失的直接或间接原因。风险因素越多，能够产生损失的可能性越大，同时导致的后果会越严重。

风险因素根据性质内容的不同，主要是分为有形的因素和无形的因素，具体分析如下所示。

1) 有形的因素

由项目本身发展或项目内容直接导致的因素，这种因素是有实质内容体现的，能够直接引起计划落实时风险事故的发生或增加风险后果程度的因素。以工程项目计划的执行为例，工程项目在计划落实时的诸多有形风险因素大致可以分为 4 种类型，具体如下。

环境因素。如政治领域因素、法律领域因素、经济领域因素、自然条件因素、社会环境因素和市场环境因素等。

主体因素。如承建业主因素、投资方面因素、管理人员因素、施工人员因素、后勤人员因素和竞争对手因素等。

系统因素。如工期延误因素、费用争议因素、质量安全因素、信誉风险因素、安全施工因素和法律责任因素等。

管理因素。如战略执行因素、决策管理因素、项目策划因素、技术设计因素、施工控制因素和程序设计因素等。

2) 无形的因素

无形的因素主要是指人的道德和心理因素，具体体现为人的行为所导致的项目风险问题。以工程项目计划的执行为例，工程项目在计划落实时的诸多无形风险因素大致可分为两种类别，具体如下。

行为因素。如个人诚实因素、不轨企图因素、自身信念因素、责任感因素、意志力因素和判断力因素等。

过失因素。如轻视问题因素、轻信他人因素、管理过失因素、细节过失因素、行为过失因素和规划过失因素等。

2. 风险事件

风险事件是指落实计划的过程中不可预期的意外事件，与风险因素的内容不同，但是造成的损失后果是类似的。常见的风险事件类型包括 10 种，即火灾、地震、龙卷风、洪水、雷电、盗窃、抢劫、通货紧缩、通货膨胀和金融危机。

风险事件往往是财产损失的直接媒介物或直接原因，正因为有风险事件的存在，风险才从可能性存在变成现实中的存在。

3. 风险损失

风险损失是指与计划相关的经济价值的减少，一般通过失去数量不等的货币来衡量损失的大小。对于企业而言，根据风险损失的对象不同，可以将风险损失分为两种形态，分别是直接的企业损失和间接的企业损失。

如图 6-1 所示，为地震导致的企业厂房内建筑损失，这种特殊情况属于直接的企业损失。

图 6-1 地震导致的企业厂房内建筑损失

间接的企业损失与直接的企业损失有关，是指因为直接的企业损失而引起的其他方面的损失。常见的企业间接损失有停产损失价值、减产时间损失、工作时间损失、资源损失价值、员工离职损失、支出增加损失、额外管理损失、增加费用支出。

4. 风险管理

风险管理是对风险情况预测和管理的过程，如图 6-2 所示，为对风险管理流程的图解。

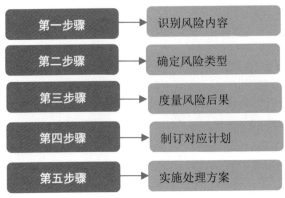

图 6-2　对风险管理流程的图解

在风险管理中，风险损失是被重点关注的内容，商业计划书中将风险损失分为 3 个类别，即实质资源损失、额外费用损失和直接收入损失。

5. 管理目标

在风险管理中，其目标主要有 3 个方面，如图 6-3 所示，为具体目标内容的信息分析。

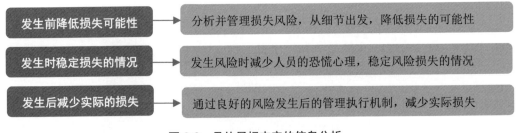

图 6-3　具体目标内容的信息分析

044　风险因素的全面分析

在市场经济下，每一个投资者都关心其投资的风险与收益。风险投资之所以不同于一般意义上的投资，主要在于投资的客体可能获取高额收益的同时，也蕴含着巨大的风险。统计资料表明，风险投资业务的失败率高达 70%～80%。许多投资者热衷于风险投资。

在他们看来，风险投资的风险是可以通过科学的管理思想、管理方法和管理手段加以控制的，在承担了投资的高风险后，他们将获得高额的回报。

为此，风险投资商会对商业计划书中有关风险的分析非常重视。他们想尽可能地弄清创业企业可能面临的风险以及风险大小的程度，创业企业将采取何种措施降低或者防范风险、增加收益等。因此，在商业计划书中必须予以说明。

在商业计划书中，风险问题根据角度的不同可以进行多种分类，风险问题中常见的主要有4种，即风险性质分类、风险对象分类、风险环境分类、风险原因分类。

1. 风险性质分类

按照风险性质进行分类，可以将风险分为两种。如图6-4所示，为两种风险的内容分析。

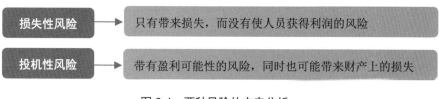

图6-4 两种风险的内容分析

2. 风险对象分类

按照风险对象进行分类，可以将风险分为4种。如图6-5所示，为4种风险的内容分析。

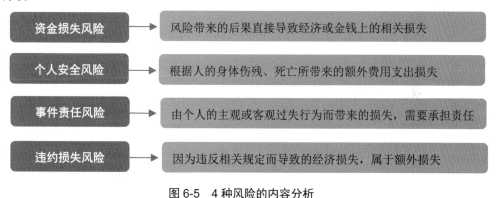

图6-5 4种风险的内容分析

3. 项目风险展示

在商业计划书中，除了资金的问题之外，风险也是直接决定融资成功与否的关键。能够让投资人放心的商业计划书，不能是没有风险分析的，同时创业者必须要展示出如何解决风险的思路和计划。

商业计划书中常见的项目风险主要有8种，即资源风险、市场风险、研发风险、成本风险、竞争风险、政策风险、财务风险、破产风险。

1) 资源风险

资源风险主要是指企业团队的人力资源风险，人力资源就是经营团体所需人员具备的能力，主要体现在 5 个方面，即教育、能力、技能、经验以及人脉。

在计划实施的过程中，资源风险是较为常见的风险方式之一。如图 6-6 所示，资源风险中需要关注的主要有 3 个方面的内容。

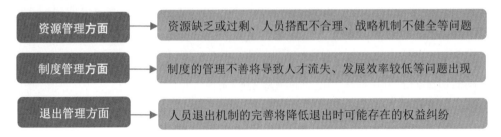

图 6-6　资源风险中需要关注的 3 个方面内容

2) 市场风险

市场风险是指企业根据商业计划书的计划进行实践时，可能遇到的市场情况变化所带来的风险问题。

信任风险是市场风险的首先表现，信任风险的来源分析为：新产品直接进入市场导致大众不了解相关技术，进而不了解产品性能，也无法判断商品的好坏，才会产生对产品的信任危机。

在市场风险中，除了信任风险，就是与产品直接相关的技术风险。在市场环境中，会有一些企业通过技术、生产工艺的模仿来生产类似的产品，从而占据市场获得利润。在商业计划书中，为了防止技术风险的出现，创业者主要有 3 种方法：通过法律保护，对产品申请专利；通过专业确保产品领先的优势；加大产品相关技术的保密程度。

产品在市场上进行销售的过程中，也会出现一些与生产相关的风险。这种风险属于市场风险的一种，并且直接影响企业的后期发展潜力。如图 6-7 所示，为生产风险来源的 3 个方面的分析。

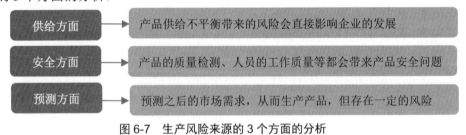

图 6-7　生产风险来源的 3 个方面的分析

3) 研发风险

研发风险是必须在商业计划书中明确提出的内容之一，对于初创企业而言，产品的研发风险普遍较高。研发风险的内容分析为：根据现有的技术水平、被现有条件所限制、研究方做出最大努力、仍旧导致项目部分失败、引发财产上的风险。

研发风险主要与项目的产品类型、表现形式、目标用户等因素直接相关，所以产生研发风险的情况较多。如图 6-8 所示，为研发风险的 3 种常见表现。

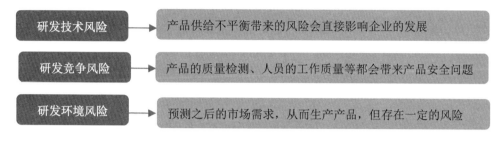

图 6-8　研发风险的 3 种常见表现

4) 成本风险

成本风险是指商业计划书中的成本预算在实际运作中可能遇到的问题，从而影响到整个商业计划所带来的风险。

在商业计划书中，成本风险主要考虑两个方面的内容，如图 6-9 所示。

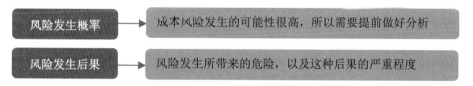

图 6-9　成本风险主要考虑两个方面的内容

如图 6-10 所示，为某宠物店的商业计划书中的成本预算。成本风险直接与成本预算相关，预算内容越全面，预算金额越多，成本风险越低。

> **成本预算**
>
> 一般中小型宠物店的前期投资为 8 万～10 万元，最大的开支是店面费用，此外是进货。预计启动资金 10 万元，关键要守得住。营业面积约 40 平方米，预计店面年租金 5 万元。店面费用根据营业面积、店址等有所不同。一般来说，河西店面费用较低，但是宠物店较集中，竞争激烈；河北宠物店少，但是宠物的拥有量还有待发展；市中心店面费用较高，但是人流集中，人气较旺。
>
> 店面装修、店里储备的货物，一般需 3 万元左右。店开起来后，水电杂费和员工工资是很大的开销。一般 40 平方米左右的店，水电费每月要 500 元以上；几名店员，每月工资需 1500～2500 元/人，根据业务情况可调整。

图 6-10　某宠物店的商业计划书中的成本预算

5) 竞争风险

竞争风险是指根据竞争情况的不同所产生的不可预期的风险，主要有同行竞争风险、线下与线上销售竞争风险等。

先以同行竞争风险为例，凉茶是大众生活中较为常见的一种饮料，市场广阔，用户基础良好。对于创业企业而言，凉茶市场具备良好的创业基础，但是市场内的竞争风险较高。比如，王老吉和加多宝在凉茶领域的持续竞争，大量宣传资金的投入使其他品牌很难发展起来。

除了竞争风险，还有就是线下与线上销售的竞争风险。对于大部分商品而言，网络都为用户提供了购买途径。线上销售的出现已经降低了线下销售的影响力，所以产品必须明确采用何种销售方式进行销售，以避免销售效果不佳的情况产生。

竞争风险是创业者在计划书中需要详细说明的部分，往往也涉及店铺的选址、公司的长期发展策略，甚至是宣传所需费用的预算等方面。能够有效地避免竞争风险的出现，是商业计划书打动投资人的重要原因。

6) 政策风险

政策风险是指关于市场的政策发生重大变化，比如有重要举措、法规等出台，引发市场变动所带来的发展风险。

以打车领域为例，随着打车类 App 的发展，市场急速扩大。国家迅速反应，在 2014 年 7 月推出针对打车软件的《交通运输部办公厅关于促进手机软件召车等出租汽车电召服务有序发展的通知》政策，这个政策对打车类 App 的发展产生了重大影响，迫使原有的打车软件进行功能上的改革。

政策风险在实际表现中主要分为反向性政策风险和突变性政策风险两种，相关分析如图 6-11 所示。

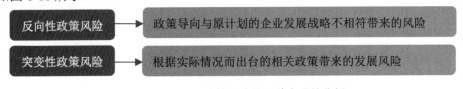

图 6-11　关于政策风险的两种表现的分析

7) 财务风险

财务风险是指在一些特殊情况下，创业企业可能会因为丧失偿债能力而致使投资者收益下降的一种风险。

需要注意的是，无论商业计划书的内容多么详细，财务风险都是企业在财务管理过程中必须面对的一个实际问题。没有企业能够完全消除财务风险，但是可以通过有效的措施来降低风险，使风险影响力降至一个可控的范围内。

财务风险的产生原因，主要有如图 6-12 所示的 3 个方面。

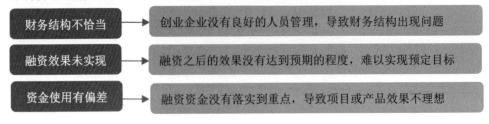

图 6-12　财务风险的产生原因

企业的财务风险可以一直存在于产品或项目的生产经营全过程中，根据风险来源的不同可以分为4种类型，即筹资风险、投资风险、资金回收风险、收益分配风险。

8) 破产风险

破产风险是企业风险无法被有效地解决而导致的最终效果，是其他诸多类型风险的综合作用结果。 对于投资人而言，企业破产的直接结果就是遭受收益损失甚至本金损失。为了防止破产情况的出现，创业公司需要根据实际需求进行融资，以免融资过多，导致资金使用出现问题之后无法及时补救。

就企业运作而言，如图 6-13 所示，创业企业可以从 3 个方面入手控制融资导致的破产风险。

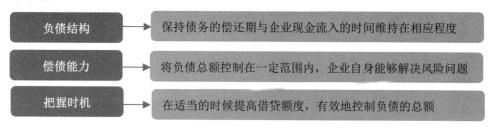

图 6-13　控制融资导致的破产风险的 3 个方面

4．风险环境分类

按照风险环境进行分类，可以将风险分为两种，分别是**自然环境风险和社会环境风险**。自然环境风险主要有 3 种体现，即自然现象的风险、人为事故的风险、意外事故的风险。而社会环境风险的 3 种体现则为市场变动风险、技术改进风险和组织管理风险。

风险环境的分类是最常见的分类方式，比如社会环境风险中的市场变动风险，包括消费者市场规模、消费者爱好、消费者购买能力等方面的变动，都直接影响着商业计划书的实际执行，所以是投资人最为关注的。

5．风险原因分类

按照风险原因进行分类，可以将风险分为 5 种，如图 6-14 所示。

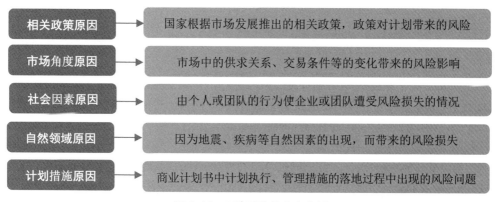

图 6-14　5 种风险的内容分析

045 行业风险的相应措施

行业风险的解决措施主要从3个方面入手，具体如下。

(1) **企业方面**：提升技术水平、审核产品质量、提高管理水平、推崇产品创新、加快产品研制、适当地进行市场扩张。

(2) **产品方面**：制定质优价廉方针、增强竞争力、提高占有率、进行适当的宣传、拓展销售渠道、建立产品品牌。

(3) **服务方面**：提供优质性、及时性、全面性、安全性、人性化以及多功能的服务。

针对行业中的相关风险问题，商业计划书的创作者根据实际情况向投资人展示直接的解决措施，通过企业、产品和服务等方面的信息来说服投资人认可企业或团队，从而实现吸引投资人进行投资的目标。

如图 6-15 所示，为某商业计划书中的行业风险信息的展示。

```
进货的风险
①货源过于单一，不是顾客所喜欢的样式。
②在批发市场批发的货物出现质量问题，而无法进行退换。
③进货人员工作失误。
④采购预测不准，超出预算。
⑤运货途中出现意外（发生车祸，造成人员伤亡）。
```

图 6-15 某商业计划书中的行业风险信息的展示

如图 6-16 所示，为某商业计划书中关于行业风险的解决措施的信息展示。

```
1. 向一些大型的批发商进货需要有强大的议价能力，力争将批发价压到最低，同时要与批发商建立好关系，在关于调换货的问题上要与批发商说清楚，以免日后起纠纷；并找一些网下不常见或不曾流通市场的产品，以找到最廉价、质量好、稳定的货源渠道，我们还可以寻找相关的相对独特的产品进行销售，并自己创新一些产品。

2. 可以用一个极低的价格吃下，然而转到网上销售，利用网上销售的优势，利用地域或时空差价获得足够的利润。

3. 购物后，通知双方的联系方式，根据约定的方式进行交易，可以选择见面交易，也可以通过汇款、邮寄的方式进行交易，在路上物品时时监控。
```

图 6-16 某商业计划书中关于行业风险的解决措施的信息展示

046　市场风险的相应措施

要解决市场风险，需要企业或团队建立一套实用性强的市场信息反馈机制。那么，如何建立市场信息反馈机制呢？

这需要企业或团队及时掌握市场信息，根据市场信息提出策略，并制订合理的销售价格，从而及时解决市场的风险问题，提高产品的盈利能力。

以下分为5点对市场风险的相应措施进行总结。

1) 加强产品的销售

及时关注市场的反馈信息，并且制定一套完整的体系以及对产品制订合理的销售价格。

2) 加强对产品开发的监督

提高开发速度，增强市场的应变能力，必要时对产品的结构进行适当的调整。

3) 降低产品成本

提高产品的性价比，增加竞争能力，以适应市场的变化。

4) 留住客户

以优质的产品稳定客户，留住更多回头客，消除市场波动对企业所带来的影响。

5) 扩宽思路

紧跟市场的发展方向。

具体的解决措施还需要根据市场的实际情况而定，如图 6-17 所示，为某商业计划书中市场风险信息的展示。

如图 6-18 所示，为某商业计划书中关于市场风险的解决措施的信息展示。

> 市场风险
>
> **市场价格波动。** 随着潜在进入者与行业内现有竞争对手两种竞争力量的逐步加剧，各公司会采取"价格战"策略打击竞争对手，因而引起公司产品价格波动，进而影响公司收益。
>
> **销售不足。** 公司客户主要是各地区交通主管部门、交通运输公司，在市场进入方面很可能会遭遇区域壁垒——即地方保护主义的限制。

图 6-17　某商业计划书中市场风险信息的展示

> 市场风险对策
> 　　进一步提高产品质量，降低产品成本，提高产品综合竞争力，增强产品适应市场变化的能力。
> 　　加快对新产品的开发进度和加强对交通行业信息化领域前沿技术的研究与探索，增强市场应变能力，丰富产品结构。
> 　　建立一套完善的市场信息网络体系，制订合理的销售价格，增强公司盈利能力。
> 　　寻求各地交通管理部门及有关信息技术公司的支持。
> 　　实施品牌战略。

图 6-18　某商业计划书中关于市场风险的解决措施的信息展示

047　政策风险的相应措施

　　政策风险的解决措施往往是针对相应的政策，提出适应政策的企业发展方式，确保企业发展方向的正确性。

　　国家政策是为了保障市场行业的正确发展而推出的规定，是企业在发展过程中不能违背的原则。

　　商业计划书的创作者在计划书中，必须对企业或产品可能涉及的政策进行全面展示和分析，如果是为了获得投资而隐瞒信息，最终企业会被法律所制裁。

　　如图 6-19 所示，为某商业计划书中政策风险信息的展示。

　　如图 6-20 所示，为某商业计划书中对关于政策风险的解决措施的信息展示。

> 政策风险
> 　　在 21 世纪的今天，电子商务的发展已成为信息时代经济活动的技术手段和方法，并进入 Internet 最广阔的应用领域。经济危机也会给我们带来风险，市场变幻莫测，政府也会做出相应的决策来应对市场的风起云涌，以此来预测政府的宏观和微观政策。

图 6-19　某商业计划书中政策风险信息的展示

> 针对政策风险
> 　　作为在中国境内设立的脱敏药品生产和销售企业，中法合资公司的经营运作将严格遵守中国的法律、法规和政策；并根据国家相关政策、法规的最新动态，及时调整公司的发展目标和经营战略。公司将加快过敏原疫苗生产技术转让和产业化速度，缩短将科技转化为国产药品的周期，减少政策变化所带来的风险。

图 6-20　某商业计划书中关于政策风险的解决措施的信息展示

048　经营风险的相应措施

经营风险涉及企业或团队在经营过程中的所有方面，范围较为广泛，同样需要根据企业和实际运营中的具体问题来分析相对应的解决措施。以下是对经营风险的相应措施进行的总结，主要分为 5 点。

(1) 利用线上宣传，比如媒体和广告，加强对企业和产品的宣传。
(2) 加强对销售和售后服务的管理，与客户保持良好的关系。
(3) 开发多系列的产品，减少对单一产品的依赖。
(4) 利用自身的优势打入国际市场，使产品成为知名品牌。
(5) 为员工营造舒适的工作氛围和良好的科研环境，改善公司的福利，吸引更多优秀的人才。

如图 6-21 所示，为某商业计划书中经营风险信息的展示。

> **经营风险**
> 人力成本上升和高素质人才不足。
> 公司为稳定技术人员和吸引外部优秀人才，必将采取一系列的奖励措施，因此人力成本的投入必然会逐步增加。同时，由于公司处于创业阶段，工作环境、福利待遇在开始时与其他公司相比可能会存在一定的差距，从而增加了引进高素质人才的难度。

图 6-21　某商业计划书中经营风险信息的展示

如图 6-22 所示，为某商业计划书中关于经营风险的解决措施的信息展示。

> **经营风险及对策**
>
> 推行目标成本管理，加强成本控制。
>
> 采取内部培训、外部培训等多种措施，提高管理团队的整体素质。
>
> 倡导组织创新、思想创新，以适应不断变化的外部环境。

图 6-22　某商业计划书中关于经营风险的解决措施的信息展示

049　技术风险的相应措施

技术风险的内容包括科学技术发展带来的普遍风险，和企业技术方面的单独风险两个主要内容。技术风险根据类型的不同，又分为多种方式。常见的 6 种技术风险包括技术保护风险、技术开发风险、技术不足风险、技术使用风险、技术获取风险和技术转让风险。

从企业的角度出发，针对技术风险的问题，主要措施分为 5 个步骤，即重视技术的咨询论证阶段、建立内部的技术创新组织、选择合适的项目进行创新、建立完善的技术风险系统、加强对技术的细节化管理。

如图 6-23 所示，为某商业计划书中技术风险信息的展示。

> 技术风险
>
> IT 行业本身是一个风险很大的公司，技术更新日新月异，一项技术今天本来可能还很先进，但是明天就有可能被另一项更先进的技术取代。EPOST 挑战 EMAIL，Linux 挑战 Window，该类事例比比皆是，如果公司不能够居安思危，抢占技术的制高点，直接后果就是公司衰退倒闭，王安公司、贺氏公司等就是最好的案例。公司能否始终保持领先的技术水平，将直接影响其未来的兴衰成败。
>
> 另一方面，国内的软件业迄今为止，还没有比较成熟的核心技术，操作系统和数据库核心技术绝大部分都掌握在西方巨头手中。迅速建立自己独具特色的核心竞争力和核心产品，将是××公司急需解决的战略性问题。

图 6-23 某商业计划书中技术风险信息的展示

如图 6-24 所示，为某商业计划书中关于技术风险的解决措施的信息展示。

> 技术风险对策
>
> 奉行"以人为本"的公司文化，以实现员工价值和公司价值的共同增长。
>
> 坚持"您有多大能耐，就给您搭建多大的舞台"的人才理念。
>
> 采取多种激励措施，如员工持股、股票期权等，尽可能地吸引并留住人才。
>
> 聘请数名交通行业的专家对公司的研究开发给予业务上的指导。

图 6-24 某商业计划书中关于技术风险的解决措施的信息展示

第 7 章

9 种举措，确保投资退出后项目的持续盈利

学前提示

对于投资人而言，通过投资获得利润是其主要的目标，而商业计划书中完善地确保其能盈利的退出途径，是促使投资人投资的重要原因。

本章内容以风险投资的资金退出途径为中心，分析风险投资的形式、退出的方式以及风投资金的退出措施。

要点展示

- ❖ 风险投资的主要介绍
- ❖ 上市退出方式的分析
- ❖ 回购退出方式的分析
- ❖ 制定退出措施的技巧
- ❖ 退出措施的案例分析
- ❖ 风险投资的表达技巧
- ❖ 并购退出方式的分析
- ❖ 清算退出方式的分析
- ❖ 应对退出计划的方法

050　风险投资的主要介绍

风险投资就是投资人或公司根据商业计划书为某企业投入的风险资金，广义上指一切具有高风险和高潜在收益的投资。

进行风险投资的投资人或公司类型众多，主要分为 4 种类型，即风险资本家、风险投资公司、产业附属投资公司、天使投资人。

在风险投资行业中，风险投资公司的影响力是最广泛的，能够获得其风险投资的企业大部分都会在其帮助下成长为行业巨头。2018 年 12 月 13 日，界面联合亿安保险经纪推出"中国顶级风险投资机构"榜单，榜单前十强依次为：IDG 资本、红杉资本、深创投、金沙江创投、晨兴资本、高瓴资本、达晨创投、创新工场、君联资本、GGV 纪源资本。

以红杉资本为例，1972 年成立于美国硅谷，投资过苹果电脑、甲骨文、雅虎、谷歌、思科等公司，目前在全球范围内投资了超过 500 家公司，其中有 200 多家公司成功上市，红杉资本是目前全球范围内影响较为广泛的风险投资公司。

红杉资本中国基金在国内投资的公司包括阿里巴巴集团、聚美优品、新浪网、唯品会、大众点评、京东商城、高德地图和万达影院等。

1. 风险投资的 4 种类型

随着互联网的发展和企业具体需求的多样性变化，风险投资的类型在不断地变化中，但较为常见的分类方法主要将风险投资分为 4 类。如图 7-1 所示，为风险投资的 4 种类型的内容分析。

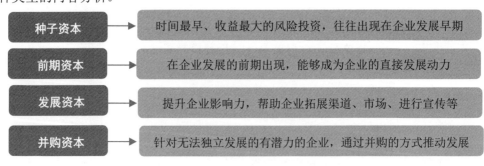

图 7-1　风险投资的 4 种类型的内容分析

如图 7-2 所示，为以种子资本投资为主的投融界交易平台主页。

2. 风险投资的运作过程

风险投资的运作流程包括 4 个阶段，如图 7-3 所示，为风险投资各个阶段的内容分析。

图 7-2 以种子资本投资为主的投融界交易平台主页

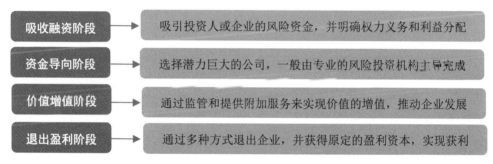

图 7-3 风险投资各个阶段的内容分析

在具体的投资运作中,最重要的步骤在于资金导向阶段,这是资金直接由投资人或团队导向至被投资企业的过程,也是投资人或团队通过商业计划书直接选择被投资企业的过程。如图 7-4 所示,为资金导向阶段的具体流程分析。

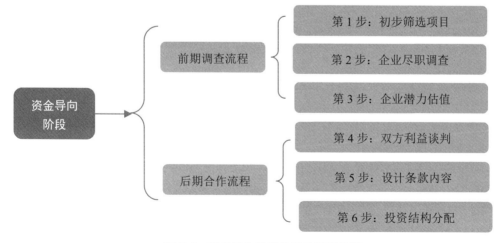

图 7-4 资金导向阶段的具体流程分析

3. 风险投资的投资准则

投资准则是投资人在进行风险投资时依赖的评估方式，符合投资准则的商业计划书会更加符合投资人的需求。所以在商业计划书中，创作者必须完整地展示相应的投资准则，才能够获得投资人的青睐。风险投资有 5 个投资准则，即市场有发展潜力、产品有针对需求、企业有市场优势、团队有远见才能、投资有丰厚回报。

在目前金融市场的发展趋势下，科技和互联网行业成为投资人最热衷投资的行业。因为科技和互联网的市场最具发展潜力，拥有充分的潜力资源，同时相关企业推出的产品往往较有针对性。

如图 7-5 所示，为互联网金融平台"投之家"的官方主页，其在 2018 年 6 月 15 号获得了 4.09 亿元人民币的 B 轮融资。

图 7-5　互联网金融平台"投之家"的官方主页

051　风险投资的表达技巧

只要是投资就有一定的风险存在，然而商业计划书中过高的投资风险阐述往往令投资人望而生畏，不敢投资。如何在商业计划书中既能说明投资风险，又不会吓跑投资人呢？其实投资均有风险，创业者不必太过讳言，缩小自己的投资风险，但是可以在商业计划书中选择性地表达企业的投资风险。以下将从两个方面进行阐述。

1. 投资均有风险，不必太过讳言

投资的风险意味着投资人的资金有亏本的可能，创业者不要想在商业计划书中隐瞒或缩小风险，只要明明白白地把风险说出来让投资人自己去考虑就好。风险高未必是一件坏事，有的投资人就热衷于投资高风险、高回报的初创企业。

创业者在撰写商业计划书时，往往都在罗列各种数据，来让投资人相信这是一个"真实的故事"，但在这些证据的背后，往往会暴露出投资风险。以下将以某食品公司在商业计划书中的风险分析为例说明投资风险。

为了避免风险事件造成投资人不可承受的损失，将损失尽量控制在一定范围内，现将该项目中可能存在的风险因素做如下说明。

1) 自然环境因素

气候以及其他自然因素会对农作物产生较大的影响，你在运作过程中无法准确估算要管理的产品数量，也不能有效地分配资金。

2) 运输存储过程中的货损

为了满足客户的配送时间需求和配送数量需求，货物不可避免地会在配送仓库中堆积。由于产品类型各不相同，可能会因货物的特性而造成少量的产品损坏。如何尽可能地减少货损是该项目必须要解决的问题之一。

3) 生产过程检测

由于品牌形象是绿色有机食品，需要对农作物的生产过程做全程的监控，待出售的农产品必须完全符合外部广告标准，否则品牌形象将大打折扣，影响企业的后续发展。我们需要安排人员有效监控所有的生产流程。这是否能实现是一个问题，但如果因为质量出现问题损害公司的形象，将会极大地影响公司的生存发展前景。

4) 控制产品货源

控制产品的来源是为了实现定规模的销售，必须提供某些种类的独家商品，但是种植户分布较为分散且数量众多，难以控制。

创业者在撰写商业计划书时必须要敢于承认风险的存在，有风险并不可怕，为可能存在的风险准备具体的处理方案，比避而不谈风险更能让投资人信服。否则，投资人会认为创业者的商业计划书考虑得不够充分，没有注意到潜在危险的存在，认为创业者粗心大意不值得信任，甚至很有可能因此而PASS掉商业计划书。

2. 选择性表达投资风险的技巧

创业者应该怎样在商业计划书中彻底披露风险又不打击投资人的信心呢？有的创业者希望通过各种各样的数据陷阱隐藏风险，并且希望利用定向思维去转移投资人的关注点。但事实上，最有效的表达技巧是创业者充分认识到这些风险，并为投资人提供有效的危机管理计划。

在表达投资风险时，应注意以下几点。

(1) 提出的风险控制策略一定要有效。效果低微，甚至没有效果的控制策略反而会加大投资的风险，任何项目投资都会有风险，对风险的放任或控制策略的无效才是导致投资失败的关键因素。亡羊补牢，为时不晚，合理的预防措施和控制策略是弥补风险的重要因素，也是投资人希望在商业计划书中看到的。

(2) 执行力是风险管理的最重要环节。在金融市场中，心态是特别重要的，因为市场是不可控的，创业者可以控制的只有自己。所以个人心态的展现在商业计划书中也极为重要。

(3) 可以把创业者无法控制的风险放在商业计划书风险分析的最后。人的能力即使再大也是有限的，在创业者能力之外的部分都是无法控制的风险。这种风险连投资人也无能为力，自然不会苛求创业者有应对之策。

投资人在投资之前都会花大量的时间去思考投资的风险，不同类型的投资人对风险的评估结果也不尽相同。但对于所有投资人来说，最大的风险实际上是社会风险，因为这是系统性的，无法控制。

创业者必须认真对待商业计划书中的投资风险，在不同阶段存在不同类型的风险，不同投资人对风险的重视程度也不一样，掌握了这些，就可以在商业计划书中选择性地表达投资风险。

052　上市退出方式的分析

公司上市是最常见的退出方式，公司正式成为在证券交易所上市交易的股份有限公司之后，投资人通过卖出股票获得资金的方式退出对企业的管理和投资。

对于创业者和投资人而言，让公司上市并不是一件容易的事情。如图 7-6 所示，为公司上市时需要满足的 5 个要求。

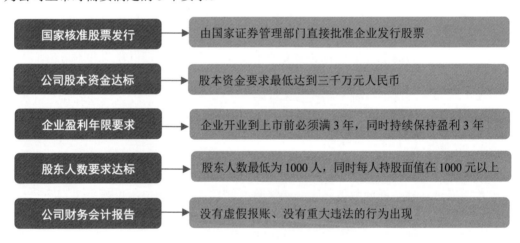

图 7-6　公司上市时需要满足的 5 个要求

公司上市的时间与公司的已有发展情况有关，当公司处于稳定成长期时就会选择上市发行股票。很多创业公司的投资人为了获得回报，往往让创业公司在短期内快速发展，从而完成上市前的准备过程。

快速上市的部分创业公司包括迅雷、聚美优品、智联招聘、完美时空、途牛网和空中网等。

053 并购退出方式的分析

企业并购退出分为兼并和收购两种方式,如图 7-7 所示,为兼并方式与收购方式的分析。

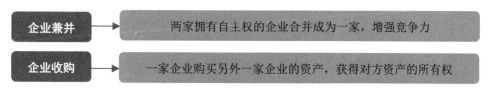

图 7-7　兼并方式与收购方式的分析

两种退出方式中,投资人通过企业收购达成退出目标的方式较为常见。投资人通过股权转让的方式退出对企业的投资,同时获得收益,但并购收益的利润往往不及上市退出方式。

相较其他的退出机制,并购退出的优势主要体现在以下几个方面。

(1) 灵活高效。

与企业上市需要经受的严格财务审查和绩效的持续增长相比,并购退出更容易、更快速。并购退出机制可以在企业发展的任何阶段实现,且没有任何关于企业商业模式、规模大小、资产多少的法律规定,只需通过谈判就可进行收购。

(2) 时间短。

并购结束投资人可以立即提取所有投资,企业并购的交易和最终受益是明确的。

(3) 有利于减轻投资机构的现金流压力。

对于专业投资机构而言,尽快终止投资清算受益比项目的超高受益更具吸引力。

并购退出的缺点体现在以下几方面。

(1) 并购企业需要大量的资金储备,因此市场上的买家是有限的,一时间很难找到合适的并购者,或者并购者提出的价格低于心理预期。

(2) 由于市场的行情变化,以及商业信息的不及时,投资人为了更快地拿到现金,可能会导致企业的价值被低估。

(3) 企业并购成功后,管理权和领导人可能发生较大变动。

2018 年著名的企业并购案例包括:陌陌并购探探、阿里并购饿了么、美团并购摩拜、快手并购 AcFun 视频网站等。

054 回购退出方式的分析

回购退出的方式主要是对于创业公司本身更有利,在具体的运作中,就是由创业公司的管理层回购投资人手中的股份,从而让投资人退出企业投资的行为。

当市场上股票出现下跌,企业为了确保股票的价值,也会推出回购计划,来确保股票的市场价值地位。

回购方式的优点在于购买者属于公司内部人员,更利于企业的长期发展,同时也让公司的管理者拥有更多的主动权和决策权。

需要注意的是,这种情况往往出现于已经进入成熟期的企业,不会出现还在成长期的企业,因为处于成长期的企业的管理者很难有足够的资金,来从投资人手中回购股票。

055 清算退出方式的分析

清算退出方式与其他退出方式有着本质的不同,清算退出方式出现在企业已经面临倒闭,项目投资失败的情况下。清算退出主要有两种方式,如图 7-8 所示,为两种退出方式的内容分析。

图 7-8 两种退出方式的内容分析

清算退出不会给投资人带来任何收益,清算的资产往往低于投资人投入的资金,一般为总投资额的 64% 左右。在清算退出报告中,清算的内容主要包括 6 个方面的信息,即银行存款信息、企业应收账款、企业固定资产、企业应付账款、企业预收账款、清算净损益。

在以上 4 种退出机制中,清算退出是投资人最不愿意采取而又是创业者必须在商业计划书中说明的退出方式。只有在企业失败、入不敷出时,才会执行清算退出程序。

通过清算退出,基金公司可以收回投资成本,这已经是一个濒临绝境的情况下最为理想的结果。清算退出意味着投资的彻底失败,虽然不会全赔,但这种结果可能会导致风险投资机构的投资能力和市场判断力遭到外界的质疑。

056 制定退出措施的技巧

在商业计划书中,创作者必须对风投资金的使用和后期资金的退出措施进行详细说明,以便投资人能够快速、清晰地了解自身的收益情况。

下面对商业计划书中制定风投资金的退出措施的技巧进行深入分析。

风险投资的退出是投资人进行风险投资运作中的最后一个阶段,也是正常投资的最终目标。

投资人往往会在创业公司发展到一定阶段后，就选择资本退出。之所以出现这种情况，主要有 4 个方面的原因，这也是商业计划书中为什么必须有退出措施说明的根本原因。

如图 7-9 所示，为风险投资退出的原因分析。

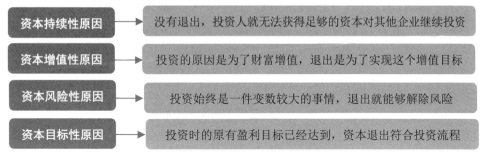

图 7-9　风险投资退出的原因分析

在商业计划书中，退出措施的内容主要包括两个方面，分别是从企业的自身条件出发，展示项目失败时的退出机制和项目成功时的退出机制。

如图 7-10 所示，为两种退出措施的创作技巧分析。

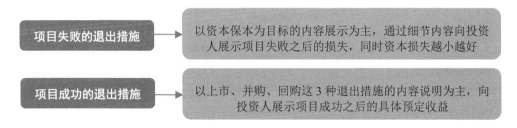

图 7-10　两种退出措施的创作技巧分析

057　应对退出计划的方法

商业计划书中存在风险在所难免，关键在于企业有没有应对措施。为了让投资人安心，创业者最好在商业计划书中做好融资后可能的风险事件预测，并列出规避、应对风险事件的有效方法。

1. 做好融资后可能的风险事件预测

要想在商业计划书中作出未来的风险事件预测，首先创业者要了解风险的来源。

风险来源：根据可能的风险事件对风险来源进行分类。来源清单具有综合性，应包括所有已确定的问题，比如风险发生的频率、发生的概率、损益的大小。除了可能发生的风险来源外，还需要仔细确定潜在的风险事件。潜在的风险很难准确描述，但创业者可以从以下几个方面进行一一排查，查找企业的潜在风险。

1) 信用风险

相关项目参与者无法履行协议义务是初创企业项目融资所要面临的信用风险。投资人对创始人和创始团队核心人员的可贷款资金和银行的信用额度都非常感兴趣，如果团队中有人有不良记录，可能会对融资造成阻碍。

2) 完工风险

完工风险是指规定的期限时间内项目没有完成，项目必须延期完成或者完成了但无法满足预期的标准。项目完工风险往往发生在项目的建设阶段和试生产阶段，是项目融资的核心风险之一。完工风险意味着企业成本的增加，以及市场机会的丧失，会损害投资人的投资收益。

3) 生产风险

生产风险是生产过程中多种风险因素的总称，例如原型阶段和生产阶段的技术风险、资源的保障能源和原材料的供应、生产运营以及劳动力状况。生产风险是商业计划书中投资人主要考虑的另一个核心风险。生产风险主要体现在技术风险、资源风险、能源和原材料供应风险以及业务管理风险上。

4) 市场风险

市场风险是指在产品能否维持生产质量，按时交货，以及市场需求和价格波动对项目产品价格产生的影响。市场风险主要包括价格风险、竞争风险、需求风险，这些风险之间互有联系又互有影响。

5) 财务风险

财务风险主要体现在项目融资过程中的利率风险和汇率风险。创业者和投资人都要对市场上的贷款、汇率波动、利率、国际贸易等政策的趋势有所了解，并加以预测和仔细分析，预测出可能发生在金融市场的风险变化。

6) 环境保护风险

这点对于与工业有关的企业尤为重要，很可能由于必须遵守环境法规而停止正在建设或者已经建好的项目。随着政府越来越多的工作重点放在生产活动对自然环境的影响上，许多国家颁布了法律，规范对带有辐射和毒害物质的垃圾处理。

因此，创业者还必须注意项目融资期间可能发生的环境保护风险，如果产品属于化工产品，更要提高对环境保护风险的注意力。

2. 多准备应对投资人眼中的风险

因融资对企业发展的重要性，商业计划书必须起到很好的敲门砖作用，以促进融资成功。而投资人眼中的投资风险通常集中在企业本身，通过对企业融资过程的分析，投资人往往会关注一下几个方面是否存在风险隐患。

1) 负债规模

债务基金的利息会在企业所得税之前支付，所以债权人的风险相对而言低于投资人，所要求的回报率也比较低。但是如果融资过程中企业的债务规模过大，管理公司资金的难度会增加，严重时会影响公司的现金量，对公司的经营管理产生不利影响。

因此，在融资过程中，公司必须严格控制负债大小，如果初创公司不能将债务的规模控制在可控范围内，将增加投资人的融资风险，也不利于企业发展。

2) 负债期限

设定负债期限时必须考虑公司的实际管理和还款能力，创业者必须全面准确地了解债务期限结构，只有在保证负债期合理时才能有效应对财务风险。

3) 企业资本结构

企业的资本结构可以通过合理的计算达到最优效果。在企业融资过程中，既要保证融资结构的合理性，又要保证企业原有的结构合理性，在融资过程中不断完善。只有在商业计划书中合理优化资本结构布局，才能降低投资人眼中的风险，保证企业融资能够取得好的结果。

4) 融资方式

根据企业融资的实际需要，有必要在企业发展的各个阶段采用不同的融资方式。正确地选择融资方式是有效预防财务风险和管理公司财务的关键。

5) 融资顺序

在融资顺序上，企业应注意维持合理的债务融资和股权融资顺序。就企业融资而言，某些企业在融资过程中同时存在债务融资和股权融资，因它们之间存在一定的差异，不应该在同一时期执行，需要有足够的时间隔开。

6) 经营风险

经营风险，即企业生产经营活动的固有风险，企业管理行为对融资过程有一定的影响。企业管理的风险越低，融资风险也就越低；相反，投资人要承担的投资风险就越高。

基于这种认识，在企业融资过程中，必须结合自身的实际运作，在商业计划书中全面预测投资风险。创业者有必要充分考虑企业的经营风险，采取措施加以整改，提高融资成功的概率。

7) 现金流

初创企业现金流会出现的问题就是现金的流入量不足、企业资产不够动态化。创业者要充分了解企业管理现状和资产的流动性，并体现在商业计划书中，现金流动性较差的企业一般在投资人眼中风险较大。

创业者在撰写商业计划书时可以先自查一下企业有没有以上 7 个问题，以降低投资人眼中的风险。

3. 列出规避、应对风险事件的有效办法

商业计划书中列出规避、应对风险事件的有效办法，针对上文提出的可能出现的风险，企业可以采用下列风险防控措施。

1) 树立正确的风险观念

在融资过程中，需要足够重视潜在风险、准确地了解实际融资过程中的风险、深化对金融风险的理解,并从多方面了解生产的原因和财务风险的有害影响。

2) 关注宏观环境的变化

创业者要对宏观的财务环境有所了解,通过对宏观环境的分析,掌握市场的动态变化,灵活调整企业的生产经营方式和财务管理手段。

3) 优化资本结构

所谓的最优资本结构,是指企业可以接受的最大融资风险中资金成本最低的一种资本结构。资本结构的合理性与企业融资能否取得积极成果有很大的关系。企业可以积极地优化资本结构,提高资本结构的合理性。

4) 提高资产流动性

只有拥有强大的流动性,企业才可以降低偿还债务的风险。保持和提高资产的流动性是初创企业提高财务效益的重要手段,在企业融资中发挥着重要作用。

5) 先内后外的融资策略

针对前文提出的融资顺序的风险,创业者在商业计划书中可以提出先内后外的解决策略。企业在申请融资之前,要先对内部资金做优化处理,认真考虑资金成本、财务风险、信息传递等多种因素,利用内部资金的潜力,减少对外部资金的需求。

6) 建立风险预测体系

初创企业需要建立风险预警系统,监控企业发展和运营情况,衡量财务风险的临界点。鉴于融资对企业财务管理的实际影响,建立基于融资的风险预测系统,合理预测融资过程中可能发生的风险,有效防范和管理企业融资风险,可以提升企业融资的整体效果。

创业者可以在商业计划书中采用认真分析财务管理宏观环境的变化、优化资本结构、改善资产流动性、建立预测体系等方法,有效降低企业融资风险。

058 退出措施的案例分析

如图 7-11 所示,为方式较为简单的退出措施内容,常见于大学生创业计划书。

资金退出机制
1) 上市
如果企业发展到一定规模,可以考虑 IPO 上市,从而资金可以撤离。
2) 并购
如果企业发展暂时不能达到期望的要求,那么可以考虑被别的公司并购。
3) 管理层收购
如果公司运营一段时间以后,公司管理层能够将公司收购,那么其他投资资本也可以及时退出。

图 7-11 方式较为简单的退出措施内容

除了 Word 形式的商业计划书之外，PPT 形式的商业计划书也十分常见。
如图 7-12 所示，为某商业计划书中投资者退出方式的内容说明。

> **（十）投资者退出方式**
> ✓ 股票上市：依照商业计划的分析，公司上市的可能性作出分析，对上市的前提条件做出说明。
> ✓ 股权转让：投资商可以通过股权转让的方式收回投资。
> ✓ 股权回购：依照事业商业计划的分析，公司对实施股权回购计划应向投资者说明。
> ✓ 利润分红：投资商可以通过公司利润分红达到收回投资的目的，按照本商业计划的分析，公司对实施股权利润分红计划应向投资者说明。

图 7-12　某商业计划书中投资者退出方式的内容说明

除了按照条款顺序对退出方式进行说明之外，商业计划书的创作者还可以结合公司的实际情况，通过回报率和回报方式分别进行说明。

如图 7-13 所示，为某商业计划书中对回报率和回报方式的说明。

> **例："华夏之门"商业计划书摘要**
>
> ❖ 投资回报
> ▪ 投资回报率：在扣除各项成本费用之后，预计投资者可以获得 50% 以上的年营运和 10 倍左右的资本回报率。
> ▪ 投资回报方式：在公司经营前三年里，将以现金分红的方式给投资者以回报。当公司进入稳定经营后，公司将采用股票在香港创业板公开上市、管理层收购、公司股份回购等形式使投资者的收益以现金、可流通股票的形式实现。

图 7-13　某商业计划书中对回报率和回报方式的说明

第 8 章

6个技巧，突出商业计划书中文字的表现力

学前提示

在商业计划书中，内容是不可缺少的，除了内容之外，文字本身的表现形式也十分重要。

本章主要针对商业计划书内容的表现技巧进行分析，逐步分析如何通过包装来突出文字的内容，从而吸引投资人的兴趣，获得投资人的认可。

要点展示

❖ 创作思路的顺序性　　❖ 以投资人视角撰写
❖ 文字创作的小技巧　　❖ 具体内容通俗易懂
❖ 计划书内容巧妙布局　❖ 结合图标提高说服力

059　创作思路的顺序性

在互联网时代，小成本的公司甚至团队都大放异彩，比如雕爷牛腩、皇太极煎饼等，而它们获得成功的第一步就是推出了一份优秀的商业计划书，从而获得了大量的支持资金。

对于小型企业或团队而言，要想通过商业计划书产生吸引投资的效果，首先需要从整体把握内容的创作过程。

商业计划书中把握整体内容创作过程主要有 5 个方面，即整体思路的顺序性、引导投资人的想法、内容的重点突出性、具体内容要通俗易懂、适当采用专业表达。

1. 整理思路的顺序性

在商业计划书一类的文案的写作思路中，常用的主要有归纳、演绎、因果、比较、总分和递进等思路，其中应用最为广泛的，主要是归纳、演绎和递进 3 种，它们在内容上都遵循循序渐进的基本要求，以下进行具体分析。

1) 归纳思路

归纳思路是文案写作中常见的一种方式，尤其是在需要突出重点信息的商业计划书中更为常见。如图 8-1 所示，为对归纳思路的具体分析。

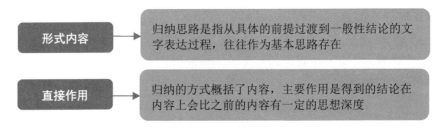

图 8-1　对归纳思路的具体分析

2) 演绎思路

演绎思路常见于商业计划书中需要进行内容假设的情况下，根据假设的内容来推动思维的进行。如图 8-2 所示，为对演绎思路的具体分析。

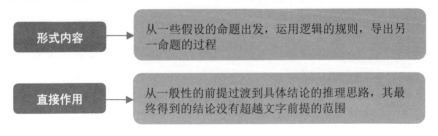

图 8-2　对演绎思路的具体分析

3) 递进思路

递进思路是运用递进思维方法形成的一种商业计划书的写作思路，用来深入说明部分内容。如图8-3所示，为对递进思路的具体分析。

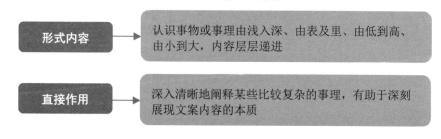

图8-3 对递进思路的具体分析

2．引导投资人的想法

商业计划书中文字的主要作用就是说服投资人对项目进行投资，所以引导投资人的想法十分重要。

如图8-4所示，为引导投资人想法的3个注意事项。

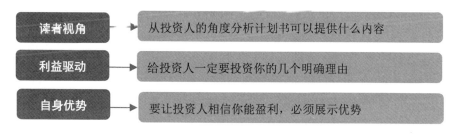

图8-4 引导投资人想法的3个注意事项

3．内容的重点突出性

商业计划书的效果在于内容，而泛泛而谈的内容往往会使投资人失去兴趣。内容的重点突出是任何一个文案中最为重要的内容，核心信息必须是最为醒目的。如图8-5所示，为某商业计划书中的项目模式说明。

在案例中，文字内容紧紧围绕项目的模式进行介绍，同时突出项目模式的特色和优势，很容易就能够吸引投资人的兴趣。

商业计划书的创作者要想突出文案的中心内容，还要提前对可能接触商业计划书的投资人群体进行分析和定位，了解其阅读习惯和方式，从而对商业计划书的内容进行有选择性的编写。

060 以投资人视角撰写

在很多外行人眼中，投资就是在众多项目中找到一个好的项目，然后把钱投进去。但是怎样发现并且判断出一个项目是否值得投资，需要一个漫长的经验和阅历积累。一个优秀的投资人，一定经历过长期的锻炼。

创业者在撰写商业计划书时，需要了解投资人及其投资基金的诉求和周期。不同类型的投资人有不同的诉求，以下进行简要阐述。

1) 专业机构

专业机构的 VC 投资逻辑各有重点，有些人只认从名校毕业的高才生所组建的创业团队；有些投资者只认技术；有的投资者愿意投品牌，认为客户对品牌的认可度是决定企业能否成功的重要因素；还有些投资者根据逻辑寻找项目，比如投资者认为教育行业在上升期，但是教育培训的市场已经饱和了，但是教辅资料或者文具用品，肯定得跟上。有了这个逻辑后，投资者就会根据这个逻辑寻找项目。

2) 券商直投

券商直投要看企业上市的可能性，如果企业不具备上市的潜力，那么投资者也不会再回应企业。但是如果企业能上市，券商就进行投资，而且他们还会给企业做辅导，像带孩子一样，无微不至地带领其成长。

3) 个人天使

个人天使投资相对来说比较感性。有些投资者甚至凭眼缘，如果初创企业在最早期能遇到个人投资者，只要对你的事业有帮助，不妨去认识一下，没准缘分到了，投资也就到了。

除此之外，创业者在撰写商业计划书时，还要分析特定投资人既有项目及其个人习惯。而初创企业的资金来源渠道多种多样，以下进行简要阐述。

1) 家人和朋友

创业者的家人和朋友因为熟悉创业者，相信创业者的人品和能力，所以不计代价来支持初创企业，这种资金来源是创业者可以依靠的力量。事物发展壮大起来都需要一定的时间，不要急于求成，要脚踏实地地往下走。

有了亲戚朋友的资金支持，就是一个很好的开端，当事业有起色之后，就会有越来越多的资源投入进来。创业是一个从无到有的过程，天上不会掉馅饼。即使是亲人也要给他们一些信心，让大家觉得事情能成，把钱投进去不会亏本。

2) VC 基金和 PE 基金

VC 和 PE 虽然都是基金投资，但投资习惯各有特色。PE 是一个看数据的行业，相比之下，VC 则显得更随意，或者说看问题的角度更多样。他们认为预测只能估算出一个大概方向，而企业在发展过程中随时有可能转型。

3) 行业战略投资人

行业战略投资人重视技术。比如，汽车领域的一些技术公司，只要做出来一点成绩，新能源汽车和各种汽车的投资就会接踵而至，甚至要开购整个公司，将新技术整合到他们的技术里面。

行业战略投资人主要看新技术对自己有没有帮助，对从事的主要领域有没有一个协作、增效作用。行业战略投资人之所以选择投资，是因为企业的新技术占据了这个市场，把企业收过来，就等于收购了这个市场。但是，在新技术初生之际，创业公司往往不愿意站队，因为企业还没有真正做大，估值基本不高。

061 文字创作的小技巧

商业计划书中通过写作技巧打造简洁明了的信息主要有 5 个方面，即文字的精练表达要求、部分文字的加工处理、语言文字的表现力度、少用歧义偏见的词语、适当的使用专业表达。

1. 文字的精练表达要求

但凡文字信息，精练表达是最基本的要求。在精练表达的具体运用中，最常见的技巧就是用一句话作为单独的段落，突出展现的内容。这种方式不需要前期的大段文字铺垫，就能够有效地引起投资人的兴趣。

对于一个商业计划书中的商业理论而言，其概念、模式、策略都是可以进行精练处理的。在部分文案中，甚至可以采用创新的角度方式用简洁的文字来说服对方。如图 8-5 所示，为某求职者的求职简历开头部分。

> 对工科类专业工作而言，要找到相关专业出身的人，同时还要这个人勤奋耐劳、能吃苦、有恒心、有热情、有责任感，身体健康、五官端正、形象良好，并且气质佳，实在是太难了。
>
> 但是，你需要的这样的人才，我正好就是。

图 8-5　某求职者的求职简历开头部分

2. 部分文字的加工处理

在商业计划书中，为了吸引投资人的注意，可以通过对文字加工的方式进行内容上的强调与突出。常见的文字的加工处理包括对话图框、下划线、特殊符号、粗体字、手写字体、3D 体现、附注文字、彩色文章、大写字体和文字加框等。

如图 8-6 所示，为某商业计划书内容中的特殊符号和粗体字。

3. 语言文字的表现力度

成功的商业计划书往往表现统一，失败的商业计划书的原因却众多。在可避免的问题中，语言文字的表现力度不够是失败的主因。失败的商业计划书在语言文字方面的原因主要有 3 点，即具体问题模棱两可、文字的说服力弱、多余内容毫无意义。

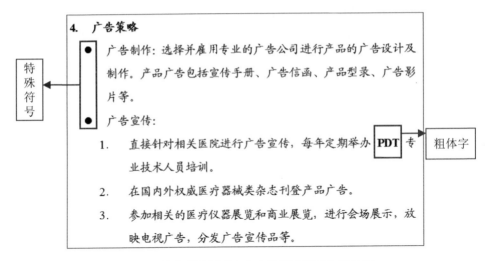

图 8-6 某商业计划书内容中的特殊符号和粗体字

在语言文字的表现力度方面，运用词语短句是最有实际效果的写作技巧。在实际阅读过程中，短句比长句所展示的信息更容易被接受，同时对于商业计划书的创作者而言，词语的短句运用属于基本的职业技能。

4. 少用歧义偏见的词语

在商业计划书中，创作者需要避免使用带有歧义和偏见的词汇，尤其是会直接影响内容信息正常表达的词。那么，如何避免使用带有歧义和偏见的词汇呢？一般来说，主要有两种方法。

(1) **更改相关用词**：选择合适的词语替代原有部分。
(2) **更改表达对象**：通过其他对象来表达类似意思。

5. 适当地使用专业表达

专业术语是指特定领域和行业中，对一些特定事物的统一称谓。在现实生活中，专业术语十分常见，比如在家电维修业中对集成电路称作 IC 等。针对不同类型企业或行业领域的商业计划书，专业术语的运用次数不定。

商业计划书的专业表达需求一般根据投资人的情况而定，专业表达的作用主要有专业术语的专业性较强、针对特殊行业有必要性、营造专业性计划书氛围、针对专业领域的投资人、获得投资人的认可支持。

在大部分商业计划书中不会出现专业性较强的词汇，但是在医疗、金融、机械、科技等行业中，关于产品的说明往往就会存在专业表达的情况。如图 8-7 所示，为某医疗器械商业计划书中对产品的说明。

> 本治疗仪系统采用两级系统，分为上位管理机和下位控制机。
>
> 上位管理机为 IBM586 以上兼容机，上位机管理软件是使用 Visual Basic 在 Windows 环境下开发的，全部操作使用鼠标单点菜单或按钮完成，简单、易学、易掌握，它完成资料接收（通过 RS232 接口）、参数输入、资料存储、资料打印等。
>
> 下位控制机以 MCS-51 系列单片机为核心，使用 D/A 转换芯片 0832 控制和调节激光管的输出功率，使用模拟开关 7501 采用分时技术，用 A/D 转换芯片 AD574 检测激光管的工作电流、工作电压、控制电压等，检控激光管的工作状态，使其工作在允许电压和电流下。下位控制机完成控制、功率检测等。

图 8-7 某医疗器械商业计划书中对产品的说明

062　具体内容通俗易懂

商业计划书的内容首先要具有全面性，**而全面性主要是指多角度地围绕企业、团队和产品信息进行展示，满足投资人对信息的深度了解需求**。为了达到最终被投资人认可和接受的效果，在商业计划书中所表现的全面的信息内容之间，主要通过多种信息关系来实现目标。

商业计划书内容中常见的 3 种信息关系主要有信息并列关系、信息统一关系、信息递进关系。

在具体内容全面性的基础下，**商业计划书中的文字还要通俗易懂，这是创作商业计划书的基本要求。**

如图 8-8 所示，为某商业计划书中的产品介绍和价格分析，具体内容十分通俗易懂，投资人不需要再度深入研究。

> 3.1　产品介绍
>
> 　　阜新地区的土特产，如阜新熏兔，沟帮子熏鸡，阜新烤羊腿，阜新老酒，等一些易于在网上销售的产品。
>
> 3.2　价格
>
> 　　根据产品的市场价格（批发价格，零售价格等）制定网络销售价格，比市场的销售价格高出百分之二十，并且根据供需调整价格。

图 8-8 某商业计划书中的产品介绍和价格分析

从通俗易懂的角度出发,商业计划书所追求的主要是文字所带来的实际效果,这要求内容具有较强的实用性,而内容实用性方面又需要重点考虑 3 个方面的内容,即是否适合投资人、是否适合产品项目、是否适合文案卖点。

063　计划书内容巧妙布局

家具的巧妙布局可以节省空间,文章的巧妙布局可以获得高分,而对商业计划书进行巧妙的布局同样可以达到增光添彩的效果。商业计划书要怎样布局才算巧妙呢?创业者在布局时,越重要的内容越要放到前面。

商业计划书的格式是固定的,一般来说包括**市场分析、公司介绍、产品服务、市场营销、团队介绍、财务计划、融资需求、风险说明和退出机制**等内容。

只有内容详细、数据丰富、完整、系统的商业计划书才能吸引投资人。投资人则通过商业计划书中的业务逻辑、市场前景、业务模式、收入预测和团队能力来预估自己的投资回报。

有些创业者认为,随着商业计划书变得越来越厚,项目会显得更加丰富,说明企业的准备工作充足。

事实上,许多专业投资人每天都需要阅读很多项目,超负荷的工作使投资人平均到一份商业计划书上的时间只有短短几分钟。

因此,一份重点突出、表述清晰的商业计划书尤为重要。计划书的撰写可以遵循以下原则。

1)　实事求是,业务介绍放在前面

在介绍公司时,创业者必须首先描述新业务的开始、新想法的形成、公司目标和发展战略。其次,说明公司的现状、过去的背景和公司业务的范围。创业者必须客观地解释公司的历史状况,不能隐瞒错误。

实事求是地分析往往会获得投资人的信任,得到投资人的认同。最后,介绍投资风险,创业者自己的背景、经验、专业知识。

创业者的素质往往在公司业绩中发挥着重要作用,应重点强调自己的优势,并尝试表达企业家精神,给投资人留下良好的印象。

2)　核心竞争力放在前面

先找到项目中最具吸引力的点,也就是商业计划书的核心竞争力,商业计划书的撰写者应保证投资人一眼就可以看到它。

如果初创团队里有一些行业内的知名人士,商业计划书中就应该把团队介绍放在前面。对于具有绝对技术优势的项目,开门见山地描述技能和实验数据是突出重点内容的好办法。

除此之外,创业者还要在商业计划书中回答以下问题:公司所在的行业类型、业务管理的性质和范围是什么?公司主要产品的用途是什么?公司客户是什么消费群?

客户需求是什么？谁是公司的合伙人和投资者？谁是公司的竞争对手？竞争对手将会怎样影响公司的发展？

064 结合图表提高说服力

图表是指可以通过直观的展示，对相关信息进行内容说明的图形结构。商业计划书中图表的3种常见方式为图片方式、表格方式和数据图表格式。

利用图表的方式进行表达，主要有3方面的优势。如图8-9所示，为图表表达方式的优势内容。

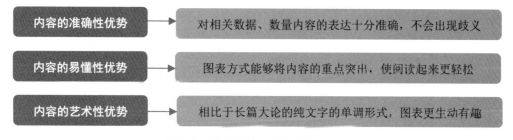

图 8-9 图表表达方式的优势内容

1. 图片方式的运用和作用

图片有多种格式，但作用较为统一，在商业计划书中主要是增加计划书内容的真实性。

商业计划书中常见的图片类型包括：产品图片、团队图片、领导图片、企业图片、技术图片、行业图片、财务图片和数据图片等。

如图8-10所示，为某医疗企业商业计划书中的样机实物照片。

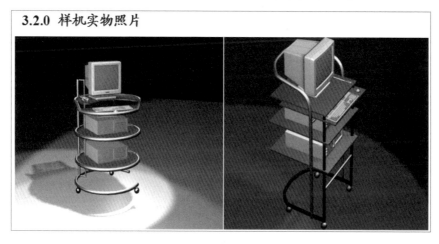

图 8-10 某医疗企业商业计划书中的样机实物照片

如图 8-11 所示，为某商业计划书中对企业形象和产品的介绍。

图 8-11　某商业计划书中对企业形象和产品的介绍

2．表格方式的运用和作用

表格的直接表现，就是指按照需要说明的内容项目分类来画成格子，分别填入文字或数字信息，以便进行统计，或让别人查看内容。

表格在商业计划书中的运用十分广泛，甚至可以直接采用全表格的方式来完成整个商业计划书的创作。如图 8-12 所示，为商业计划书中表格的应用案例，在一个表格中分点来阐述相关内容。

下店工作安排：
　　【1】导师下店指导：导师下店现场教学，摄影师现场观摩实践。（导师先以一个场景为例进行教学拍摄，然后摄影师进行实践练习。）
　　【2】8 号拍摄指导时间：上午 8－11 点（内景实践教学），下午15－18点（外景实践教学）。
　　【3】晚上上课时间：下午 19－20 点。（摄影师自己拍摄的片子准备好）针对之前拍摄产生的问题进行剖析讲解。（比如：分镜头的衔接、蒙太奇手法的运用、对故事画面的想象力以及组织能力连贯性的问题解决。）
　　【4】9 号白天：摄影师自己拍摄，导师在旁边现场指导。
　　【5】晚上：针对白天摄影师拍摄过程中产生的问题进行再次培训。

图 8-12　商业计划书中一个表格的应用案例

除了这种形式之外，常见的还有在一个表格中根据具体内容的需求而分类成为多个小型表格。如图 8-13 所示，为某商业计划书中多个表格的应用案例。

区域	享有产品及服务	单价（元）	总价值（元）
县级 充值佣金 1.5 万元 （300 元/条 后期代加工）	赠送 3 套风格样片	2800/套	8400.00
	影楼导演班全套课程（限定 1 人）	3800/人	3800.00
	门市步步为营全套教学课程（限定 1 人）	3000/人	3000.00
	赠送后期剪辑 3 条	300/条	900.00
	加盟期内，导师下店复训及区域保护		
	后期代加工费 50 条	300/条	15000.00
			总价值：31100.00
区级 充值佣金 2 万元 （300 元/条 后期代加工）	赠送 5 套风格样片	2800/套	14000.00
	影楼导演班全套课程（限定 1 人）	3800/套	3800.00
	门市步步为营全套教学课程（限定 1 人）	3000/人	3000.00
	赠送后期剪辑 5 条	300/条	1500.00
	加盟期内，导师下店复训及区域保护		
	后期代加工费 66 条	300/条	20000.00
			总价值：42300.00

图 8-13　商业计划书中多个表格的应用案例

3．数据图表的运用和作用

数据图表常见于 Word 格式或 PPT 格式的商业计划书中，通过软件自带的插入功能来完成数据图表的基本构建。

数据图表与图片和表格的实际作用基本一致，但是在表现形式上更为复杂，数据图表也是商业计划书中最常见的图表方式之一。

数据图表的常见表现形式包括：雷达图、条形图、气泡图、柱状图、股价图、圆环图、折线图、面积图、饼形图和散点图等。

条形数据图表是最常用的形式之一，其作用是使数据进行各个项目之间的比较，在形态上分为垂直条形图和水平条形图。如图 8-14 所示，为条形数据图表的案例。

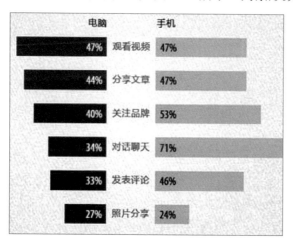

图 8-14　条形数据图表的案例

除了条形数据图表之外，柱状数据图表也是常用的形式之一。如图 8-15 所示，为柱状数据图表的案例。

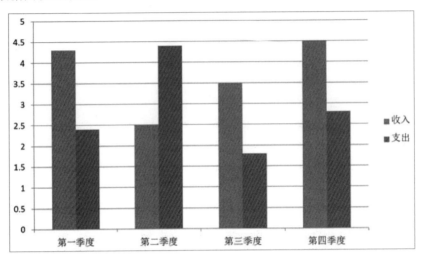

图 8-15　柱状数据图表的案例

柱状数据图表的作用，主要是显示一段时间内的数据变化，也可以表现数据之间的效果比较，在具体形态上分为水平轴组织和垂直轴组织。

与柱状图同样常见的还有饼形图。

如图 8-16 所示，为饼形数据图表的表现形式。

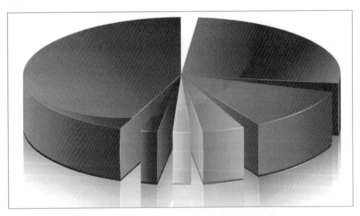

图 8-16　饼形数据图表的表现形式

饼形数据图表的作用是对一个数据系列中的相关数据进行说明，所有的数据份额共同组成整个饼图的百分比。

需要注意的是，饼形数据图表中一般是通过颜色的不同来代表不同对象的数据份额的。

最后一种常见的数据图表形式为折线图，如图 8-17 所示，为折线数据图表的案例。**折线数据图表的作用主要是体现，数据随着某个相关因素的变化而发生的同步变化。**

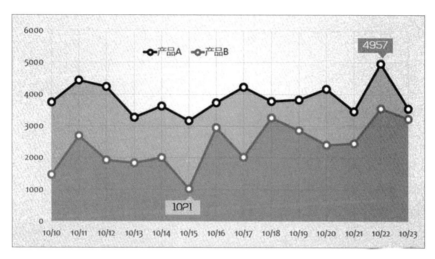

图 8-17　折线数据图表的案例

第 9 章

10 个方面，
用数据展现商业计划书的真实信息

学前提示

在商业计划书中，数据的作用是不容小觑的，尤其是计划书中数字所代表的真实意义。

本章主要针对商业计划书中数字的应用进行分析，了解数字在不同模式的商业计划书中的不同作用，和在商业计划书中不同部分的具体运用。

要点展示

- ❖ 数字更能吸引注意力
- ❖ 关键点搭配权威数据
- ❖ 盈利数据的数值计算
- ❖ 未来数据的相关预测
- ❖ 数据在 PPT 中的运用
- ❖ 数据突出内容真实性
- ❖ 市场规模的数据展示
- ❖ 资金使用的相关数据
- ❖ 数据在表格中的运用
- ❖ 数据在图解中的运用

065 数字更能吸引注意力

在商业计划书中，数字是十分常见的。其与词语的重要性等同，能够对整个商业计划书的内容起到积极表现和有效传达的效果。**从根本意义上来说，数字就是让投资者相信商业计划书的相关内容是以某些事实作为依据的。**

如图 9-1 所示，为某商业计划书中的长期目标内容，其中就通过数字的方式来证明团队的发展战略是有明确目标的，便于获得投资人的认可。

长期目标	发展 20~50 家特许经营加盟店，品牌强化。	十年	广东省大中城市
	发展 80~100 家特许经营加盟店，成为全国知名品牌。	十五年	中国南方地区所有的大中城市
	发展 200 家以上的分店(包括直营店和特许店)	二十五年	全国所有的大中城市

图 9-1 某商业计划书中的长期目标内容

在商业计划书中，数字的价值首先体现在吸引投资人的注意力方面。**与文字相比，数字的形态、意义都更容易被投资人关注，所以善于运用数字能够提升商业计划书的成功概率。**

要想更好地实现抓住投资人注意力的敏感点这个目标，数字的实际运用可以遵循如图 9-2 所示的 4 个要点。

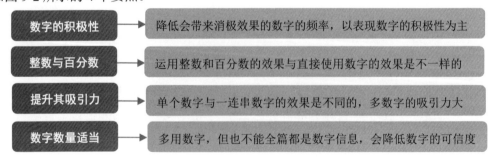

图 9-2 数字的实际运用可以遵循的 4 个要点

如图 9-3 所示，为某商业计划书中的目标市场分析，其中数字的形式以整数和百分比为主,将市场利润充分展示给投资人。

> **2. 项目产品的目标市场**
>
> 　　据我省农机部门试验测定,玉米机械化收获可以有效增强玉米生产的节本增效和抗灾减灾能力,机收每公顷可减少损失 3%～5%,平均节约成本 225 元左右;采用机械化收获玉米,可以把劳动力从繁重的手工作业中解放出来,每台玉米联合收割机能替代 70～80 个劳动力,生产效率是人工劳动的 60 多倍,每亩比人工收获节约生产成本 50 元左右。本产品价格便宜、性价比高,适合西部欠发达地区玉米种植分散、地况复杂的特点,因此目标市场为我省乃至西部地区广大玉米农户、饲料加工企业和养殖企业。本产品广泛用于目标客户收获玉米秸秆加工青贮饲料。

图 9-3　某商业计划书中的目标市场分析

066　数字突出内容真实性

　　除了吸引投资人的注意力之外,在数字的价值方面,还有一个重要的作用就是数字直接证明了商业计划书内容的现实基础,能够说明相关数字并不是凭空而来的,从而得到投资人的进一步认可。

　　如图 9-4 所示,为某商业计划书中的产品市场分析,通过真实的数字来证明商业计划书中相关项目的潜力。

> **1. 项目产品市场概况及需求情况**
>
> 　　据统计,我省玉米种植面积今年近 1300 万亩,目前全省玉米联合收割机约 450 台,玉米机收面积约 70 万亩。从今年开始,我省确定了 13 个玉米联合收获示范县市区,在中央财政补贴的基础上实行省级财政累加补贴,引导农机大户、种植大户及农业生产公司等民间经济实体加大对玉米机械的投入。预计全省玉米机械化收获面积今后年均会增加 40 万亩以上,即便如此,到"十三五"末,玉米机械化收获水平仅能达到我省现有玉米种植面积的 25%左右。也就是说仅我省每年玉米收获机械就有 200~300 台的增加需求量。

图 9-4　某商业计划书中的产品市场分析

　　需要注意的是,在证明内容的现实基础方面,数字不仅仅出现在相关数据的整合分析上,也出现在具体产品的型号上。通过对相关产品型号的说明,来证明项目的提出是有一定真实依据的。

　　如图 9-5 所示,为某商业计划书中对相关产品型号的说明。

> 秸秆青贮的机械有：河北农哈合机械有限公司生产的4Q-10型青贮收获机、4PQ-10型自走式青饲料收获机；石家庄市金达机械厂生产的9QSJ-20型、9QSJ-40型青饲料收获机；山东向农集团生产的S-900型牧神牌青贮饲料收获机；新疆机械研究院生产的9QSD-750型青贮饲料收获机；河北省固安县双桥农牧机械厂生产的93QS-5.0I型、93QS-5.0II型青贮切碎机、93ZP-1.6型铡草机（圆盘式）；石家庄农牧机械厂生产的9DQ-150型、9DQ-100型、9DQ-60型青贮砌碎机；鹿泉市农牧机械厂生产的93ZP-600A型、93ZP-2.0型青贮铡草机等。

图 9-5　某商业计划书中对相关产品型号的说明

067　关键点搭配权威数据

聪明的创业者会使用精益创业的概念，并且通过平台流量和销售数据快速验证自己的想法，这些初始数据的存储比产品的完整版本以及文字的花样描述更能吸引到投资人。

但是如果创业者的项目仍然在计划阶段，缺乏数据的支撑时，可以尽可能地利用权威数据为商业计划书做支撑。那么，创业者要通过什么途径获取权威数据呢？以下将分几点进行阐述。

1）　历史数据

商业计划书中如果需要体现某地区的人口数量、经济指数等数据，可以在当地图书馆翻阅历年的政府工作报告或者年鉴，而不要图省事通过互联网下载数据，互联网上的数据大多有偏差，会影响商业计划书的说服力。

2）　行业报告中的数据

传统行业都建立了行业协会和行业论坛，创业者可以通过部门的在线网站获得相关的行业数据，也可以通过购买相关书籍和杂志来获取权威数据。

3）　引用论文网站的数据

创业者所需的大量数据在网站的论文中就可以找到。商业计划书撰写者可以通过选择近期的论文获取所需数据。

4）　大数据网站和舆情网站

互联网上有众多大数据情报机构，创业者可以搜索关键词"大数据导航"，查找导航页面获取必要信息。如阿里巴巴的"大鱼数据中心"、人民网的"舆情频道"和百度的"百度舆情"等都有详细的数据统计。

5）　向咨询公司购买数据

商业咨询公司和专业的信息情报机构一般都会出售行业的信息数据。

6）　自行采集基础数据

创业者如果自行采集基础信息进行分析，则需要了解"爬虫"工具的使用，以及分析数据的方法，但是耗时且烦琐，建议初创企业使用前4种方法获取数据。

在撰写商业计划书时，创业者需要对项目的相关市场彻底地调查和分析，为商业计划的每个关键点提供权威的数据支撑，并指出权威数据的来源。这样才能从容说服投资人进行投资。

068　市场规模的数据显示

在大部分商业计划书中，表现市场规模方面的内容都会涉及相关数据，完全没有数据的内容是无法获得投资人认可的。尤其是在与产品市场直接相关的数据方面，相关数字必须要足够精准和精细。更详细地展示数据，越能让投资人了解市场的规模和潜力。

如图9-6所示，为某商业计划书中表现市场规模的数据的内容。

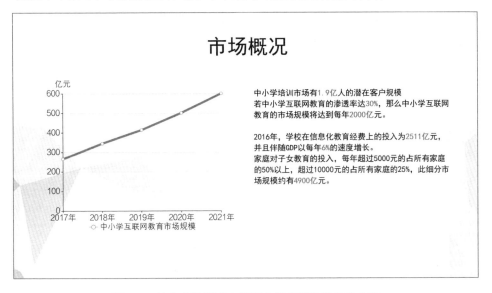

图9-6　某商业计划书中表现市场规模的数据的内容

069　盈利数据的数值计算

在商业计划书的盈利模式方面，没有数字的支持就是空口无凭。**必须有严格逻辑关系的与盈利模式相关的数字计算**，才能让投资人清楚地认识到其投资的盈利程度和可能性。

如图9-7所示，为某商业计划书中涉及盈利模式的数字计算内容。

除了在文字中夹杂数字的方式来表现内容之外，为了更好地让投资人认识到项目的盈利模式，还可以通过表格的方式来表现。

六、产品盈利能力分析

由于我们的产品品种多样（一百多种），无法全部列示，以下仅以牛肉串作分析。

每斤精选牛肉 15 元/斤（现广州牛肉市价），可以制作 45 串牛肉串。每串牛肉成本 0.33 元，售价 1.00 元，每串毛利 0.67 元。每天平均销售 800~1000 串（业内数据）。以每天销售 800 串计算，每天营业额 800 元，扣掉牛肉成本 264 元，原料成本 20 元，每天利润 516 元。每月毛利 1.548 万元，再扣除其他费用（水费、电费、工资等），纯利达 1.2 万左右。**可见我们产品的盈利空间巨大。**

图 9-7　某商业计划书中涉及盈利模式的数字计算内容

如图 9-8 所示，为某商业计划书中的利润计划表。

利润计划表								
		三月	四月	五月	六月	七月	八月	九月	十月
销售收入	含税销售收入/元	78000	78000	78000	72000	72000	72000	78000	85500
	营业税等税/元	3500	3500	3500	3200	3200	3200	3500	4000
	税后净收入/元	74500	74500	74500	68800	68800	68800	74500	81500
总成本/元		20250	20250	20250	20250	20250	20250	20250	20250
利润/元		54250	54250	54250	48550	48550	48550	54250	61250
个人所得税(月)/元		7288	7288	7288	5800	5800	5800	7288	9738
税后净利润(月)/元		46962	46962	46962	42750	42750	42750	46962	51512

图 9-8　某商业计划书中的利润计划表

070　资金使用的相关数据

资金使用的数据分析，也是投资人关注的重点内容，其需要了解投资之后的资金是否被运用到恰当的地方。

在这部分内容中，要对资金的具体使用细节进行说明，因为没有资金的具体使用细节，就无法证明资金的具体流向。

如图 9-9 所示，为某商业计划书中资金使用的相关数据分析。

项目总投资 120 万元，其中自筹 20 万元，计划融资 100 万元。

自筹资金主要用于组装车间建设、研发、人员工资、管理费用、财务费用等。融资资金 100 万元，主要用途为：

科研开发费用　　　　　　　　　　　　　10 万元

补充流动资金　　　　　　　　　　　　　90 万元

本公司采取增资扩股的方式进行股权融资，融资的 100 万元占增资扩股后公司注册资金的 49%。

图 9-9　某商业计划书中资金使用的相关数据分析

如果商业计划书的内容重要性较为突出，那么资金使用的相关数据可以更为细节化，以获得投资人的信任。

如图 9-10 所示，为某商业计划书中资金使用的相关细节数据展示。

> **八、资金计划**
>
> 　　公司成立初期共筹集资金共 2 万元。资金主要用于购买办公桌椅、租借店面以及雇用员工；另外还有宣传费用、管理费用等。
>
> **店铺建设投资：**
>
> **(一)、办公桌椅**：2000 元
>
> **(二)、店面租金**：24000 元 / 年
>
> **(三)、宣传策划费用**：6000 元 / 年
>
> **(四)、推广费用**：预计用资 6800 元 / 年
>
> | | |
> |---|---|
> | (1) 发放宣传单 | 300 元 |
> | (2) 在校内挂横幅，借助校园内公共宣传工具宣传 | 500 元 |
> | (3) 策划制定专门的露天活动 | 2000 元 |
> | (4) 新饰品展销派对 | 2000 元 |
> | (5) 与各大高校协作举办商业街，参与社团各类活动 | 2000 元 |

图 9-10　某商业计划书中资金使用的相关细节数据展示

071　未来数据的相关预测

数据的应用还常见于与发展相关的内容，如图 9-11 所示，为某商业计划书中对产品服务的收入分析。

> **3．收割服务收入**
>
> 　　自备 2 台小型自走式玉米青贮饲料收获机，每台每天收割 12 亩，每亩按 280 元计算，每天收入 3360 元。收割 60 天，每台收入为 20.16 万元，2 台共收入 40.32 万元。
>
> 成本计算：
>
> 司机 1 人，每天工资 200 元
>
> 杂工 2 人，每天每人工资 100 元，共计每天工资 200 元
>
> 油料每天 360 元
>
> 设备折旧和维修每天 660 元
>
> 每天成本总计 1420 元，60 天总成本 85200 元。
>
> 每台利润总额：11.64 万元，两台共 23.28 元
>
> 劳务税率按 3% 计算：0.7 万元
>
> 所得税：5.82 万元
>
> 净利润：16.76 万元
>
> 2012 年累计收入 220 万元，实现净利润 52.86 万元

图 9-11　某商业计划书中对产品服务的收入分析

在具体的数字运用中，也可以通过简化的模式来展示相关数据，将重要的数字信息集中展示。

如图 9-12 所示，为某商业计划书中对产品销售利润总额与净利润的数据分析。

> 3．销售利润总额与净利润
> 利润总额=年销售收入－年成本费用（生产成本、税金及附加、销售费用、管理费用）
> （1）利润总额为 48.1 万元。
> （2）所得税：所得税率按 25%计算，即所得税额为 12 万元。
> （3）净利润：36.1 万元。

图 9-12　某商业计划书中对产品销售利润总额与净利润的数据分析

072　数据的 3 大运用

1．数据在表格中的运用

表格式应用是最常见的一种数据表现方式。如图 9-13 所示，为某商业计划书中对项目盈利模式的表格式数据分析。

功能	收费对象	收费方式	收费数额
手机报	个人用户	包月制	3~5 元/月
电子期刊	个人用户	包月制	10~15 元/月
视听港	个人用户	包月制	15 元/月
		按流量算	1kb/0.5 分
折扣汇	商家用户	接入费	10~20 万元/年
		根据用户使用量	1 元/条
		根据用户使用量	消费金额的 1%
名店城	商家用户	接入费	10~20 万元/年
		下行广告数量	1 元/条
手机支付芯片	个人用户	根据购买数量	120 元/张
	商家用户	根据消费金额	消费金额的 1%
管家婆	个人用户	免费	用以完善**

图 9-13　某商业计划书中对项目盈利模式的表格式数据分析

需要注意的是，并不是所有的表格式应用都有表格的外在表现形式。

如图 9-14 所示，为某商业计划书中对经济效益的预测分析，并没有外在的表格形式。

2．数据在 PPT 中的运用

商业计划书采用 PPT 的格式进行制作的方式并不常见，主要是针对部分小型企业的商业计划书。在 PPT 格式的商业计划书中，数据的应用也是十分常见的。

```
5. 企业经济性、盈利性和收获能力
经济效益预测：
年营业收入：        50 万元
年营业总成本：      40 万元
年利润：            10 万元
所交所得税：        2.7 万元
税后利润：          7.3 万元
提取盈余公积：      1.01 万元
可分配利润：        6.29 万元
投资回收期：        3 年
```

图 9-14　某商业计划书中对经济效益的预测分析

如图 9-15 所示，为某 PPT 格式商业计划书中的项目投资亮点介绍，PPT 图片展示的方式能够更好地表现数据信息。

```
投资亮点

• 中国出境旅游市场容量巨大
    – 2010年达到5000万人次

• 领先的行业地位
    – 中国出境旅游（欧、澳、非、美洲）最大的服务供应商之一
    – 北京最具影响力境外旅游品牌10强
    – 十大旅游网站，强大的旅游资讯平台

• 丰富的产品及广泛的资源
    – 涵盖国内和欧、澳、非、美、亚洲的数百条团队定制线路和海岛游轮产品
    – 涵盖全国所有省份和直辖市的销售网络，3000家同业旅行社客户
    – 境外50多个国家旅游局、30多家航空公司、40多家使馆等的良好合作
```

图 9-15　某商业计划书中的项目投资亮点介绍

在 Word 中也可以采用 PPT 图对相关数据进行分析，如图 9-16 所示，为某商业计划书中的 PPT 数据分析图，首先在 PPT 中制作图片，然后通过截图的方式将图片应用到 Word 中。

(RMB 1,000)	2008年	2009年
主营业务收入	300,000	500,000
批发	300,000	450,000
店面零售	0	50,000
毛利	30,000	60,000
批发	30,000	50,000
店面零售	0	10,000
净利润	15,000	33,000

图 9-16　某商业计划书中的 PPT 数据分析图

3. 数据在图解中的运用

在商业计划书中，数据图解的方式分为饼形图、条形图、柱状图和折线图等。**数据图解的基本类型与文字的包装类型是一致的，但是数据图解更侧重于展示数据本身的内容。**

如图 9-17 所示，为商业计划书中对资金使用计划的数据图解。

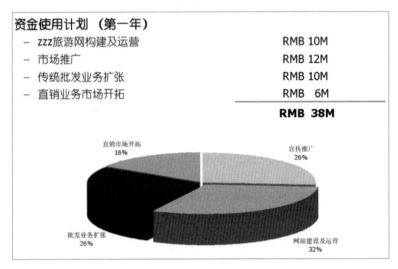

图 9-17　商业计划书中对资金使用计划的数据图解

除了饼形图之外，数据图解在实际应用中以条形图最为常见。如图 9-18 所示，为某商业计划书中的条形图形式的数据图解。

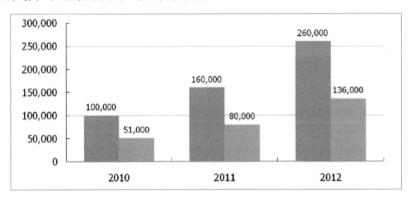

图 9-18　某商业计划书中的条形图形式的数据图解

第 10 章

9 个特色，借助 PPT 的优势打造酷炫计划书

学前提示

使用 PPT 的方式来制作商业计划书，最为突出的特点就是样式精美、文字的表现方式十分酷炫。

本章主要针对使用 PPT 模式的优异性从 3 个方面进行说明，分别是从制作者角度出发的优势分析、从接受者角度出发的优势分析和从计划书的要求出发的优势分析。

要点展示

- ❖ 信息全面重点突出
- ❖ 制作成本低
- ❖ 可视性更强
- ❖ 直接展示性
- ❖ 专业统一性
- ❖ 效果直观特色鲜明
- ❖ 兼容性较好
- ❖ 制作周期短
- ❖ 阅读效率性

073　信息全面重点突出

PPT 的内容一般控制在 10 页左右，那么就不能将所有的信息都展示在 PPT 上，因此我们对 PPT 中的内容选择则有一定的要求。每张 PPT 都要有内容、有要点，并将主要的内容往前排。

PPT 的作用是给演讲者提供清晰的思路，而不是照本宣科，所以在 PPT 中只需要展现关键词就够了。如果想要 PPT 更加吸引眼球，帮助观众更好地领会计划书中的要点，则应该凸显以下几个部分。

1）标题

PPT 的第一页就是商业计划书的标题，所以开头给人留下深刻的印象是比较重要的。商业计划书的标题可以从企业的定位、项目的特色等角度入手，展现出自己的亮点。

如图 10-1 所示，为某童装品牌 PPT 商业计划书标题示例。

图 10-1　某童装品牌 PPT 商业计划书标题示例

2）项目介绍

在项目介绍中要用简洁的语言讲清楚企业是做什么的，可以用简单的概念、数字和类比等方法介绍。如图 10-2 所示，为某果蔬零售平台项目介绍示例。

3）市场痛点

消费者未能解决的需求问题都是市场的痛点，并且目前没有获得好的解决办法。如图 10-3 所示，为某互联网鲜花配送平台市场痛点示例。

4）市场概况

分析产品市场的规模，利用权威的数据让投资人看到项目的发展潜力，做到有理可依，令人信服。如图10-4所示，为某医疗健康线上问诊平台市场概况示例。

图10-2　某果蔬零售平台项目介绍示例

图10-3　某互联网鲜花配送平台市场痛点示例

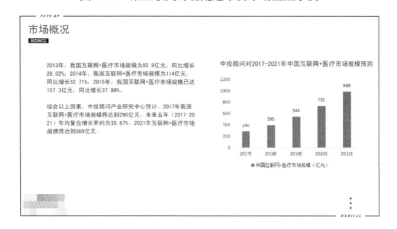

图10-4　某医疗健康线上问诊平台市场概况示例

5) 商业模式

商业计划书的商业模式是指企业是如何盈利的,也就是盈利模式,这是投资人关注的重点。初创企业的商业模式一定要具有价值。如图 10-5 所示,为某民宿酒店租房平台盈利模式示例。

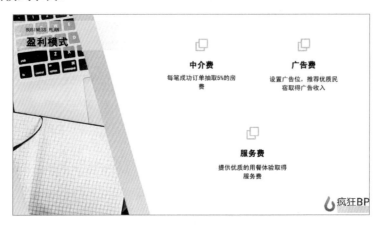

图 10-5　某民宿酒店租房平台盈利模式示例

6) 竞争对手分析

如果没有竞争对手,则说明市场没有存在的价值。分析竞争对手能让投资人更好地了解企业在市场中的实际情况。在分析竞争对手的过程中一定要合理地凸显自己的优势,让投资人看到投资价值。如图 10-6 所示,为某家政服务平台对竞争对手分析的示例。

图 10-6　某家政服务平台对竞争对手分析的示例

7) 核心竞争力

在众多项目中,投资人为什么要选择你,你的客户群有什么优势?你有什么过人之处？这些都要在商业计划书中体现出来。如图 10-7 所示，为某互联网鲜花配送平台竞争优势示例。

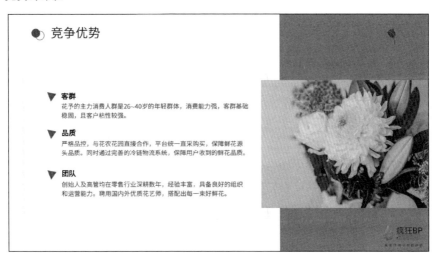

图 10-7　某互联网鲜花配送平台竞争优势示例

除此之外，还有企业的**发展规划、融资需求、团队介绍**等，每一项最好都能用一页 PPT 展示出来。

074　效果直观特色鲜明

由于图片的直观效果较强，所以通过 PPT 模式制作的商业计划书往往特色鲜明。如图 10-8 所示，为以纯色为背景的 PPT 模式。

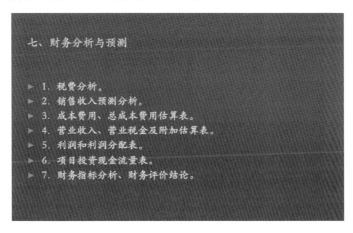

图 10-8　以纯色为背景的 PPT 模式

以纯色为背景，容易突出文字本身的信息，同时以幻灯片为单位进行信息的展示也更为便捷，往往应用于较为严肃的商业项目中，比如，大中型企业的融资需求说明、项目的具体内容分析等。

除了纯色之外，不同商业计划书的表现特色也是各有不同的。如图 10-9 所示，为某 PPT 模式商业计划书中的幻灯片，通过精美的模式设计，将自身特色与项目内容同时展示出来。

图 10-9　某 PPT 模式商业计划书中的幻灯片

在 PPT 中，信息的生动展示主要分为静态展示和动态展示两种方式。静态展示如图 10-6 所示，为精美烤肉美食幻灯片模板。

图 10-10　精美烤肉美食幻灯片模板

这种图片和文字结合的方式能够更好地突出信息，比如美食的图片能够更加直观地让投资人感受到美食的魅力以及投资餐饮的潜力，也能够刺激投资人进行投资的意向。

除了精美的静态展示方式之外，还有动态的展示方式。如图 10-11 所示，为动态模板中动画的前后变化。

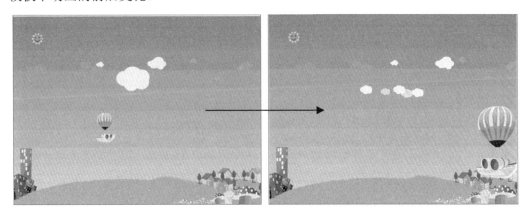

图 10-11　动态模板中动画的前后变化

075　制作成本低

PPT 的性价比是较为突出的，除了时间和项目信息收集上的支出成本之外，制作者几乎不需要付出额外的制作成本。

在具体的制作上，制作者可以根据相关模板来快速完成制作过程。如图 10-12 所示，为常见的模板制作方式分析。

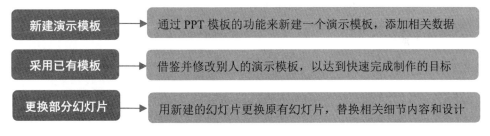

图 10-12　常见的模板制作方式分析

如图 10-13 所示，为某个精美的 PPT 模板案例，制作者可以通过网络搜索更多的模板素材。

在具体的内容新建或更改中，制作者可以快速地改变相关细节，所需要花费的精力并不多。同时细节的修改能够让内容更好地进行展示，尤其是文字、图片等信息的重点突出。

制作 PPT 有 6 个常见的细节内容，即图释细节、表格细节、图标细节、文本颜色、文本样式和文字字体。

图 10-13　某个精美的 PPT 模板案例

076　兼容性较好

在具体的文档使用上，PPT 文件可以通过转换，变成 XPS 文件或 PDF 文件，以便与其他任何平台上的用户进行信息层次的共享。如图 10-14 所示，为两种文件形式的相关分析。

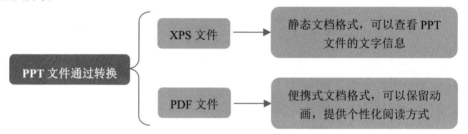

图 10-14　两种文件形式的相关分析

PPT 的兼容性使其被制作完成之后的适用范围能够达到更广阔的方面，便于投资人快速通过软件查看相关信息。

PPT 作为应用较为广泛的软件，大部分场合下都能被使用。它有 3 种常见的使用方式，即通过投影仪直接观看、通过计算机进行展示、打印成文件进行传播。

077　可视性更强

PPT 要保持简单，只需适当排版即可，不宜让幻灯片的颜色喧宾夺主，颜色不要过于花哨。商业计划书不同于杂志，只需将计划内容交代清楚即可。幻灯片也应该留有空白，并且最好使用图标和数字，使它看起来一目了然。

在投资人眼中，最有说服力的是真实可信的数字，比如产品有多少客户、这些用户中有多少是忠实用户、产品的宣传效果如何等。投资人在没有亲身体验产品或服务时，运营数据就是最直观的体验。而将实验数据、论证材料、计算结果等，以图片或表格的形式呈现在 PPT 上，可以增强商业计划书报告的说服力。

除此之外，商业计划书要采用简洁的标题，避免整段的铺垫，尽可能多地使用图表，少用文字，以达到开门见山的效果。如图 10-15 所示，为某冰激凌零售行业 PPT 表格案例。

图 10-15　某冰激凌零售行业 PPT 表格案例

文字描述虽然更容易把一件事描述清楚，但在 PPT 中，大量的文字会让投资人因抓不住重点而失去耐心。相比文字，图表更直观、简洁，可视性也更强。

078　制作周期短

由于 PPT 的制作往往可以直接根据相关模板来完成，所以整个商业计划书的制作周期会大幅缩短。同时 PPT 内幻灯片的展示模式以精简为主，也会进一步降低 PPT 的制作难度。

如图 10-16 所示，为百度文库中某个 PPT 模式商业计划书的相关页面，从中可以看出整个商业计划书只有 17 页，与其他模式的商业计划书相比，PPT 模式的商业计划书的页数较少，完成难度随之降低，制作周期也随之缩短。

图 10-16　百度文库中某个 PPT 模式商业计划书的相关页面

079　直接展示性

直接展示信息是商业计划书的基本要求，这要求创作者去掉烦琐的信息内容，提炼核心文字。PPT 模式完美地解决了这个问题，展示核心信息的功能本就是 PPT 的特色所在。

如图 10-17 所示，为 PPT 中某一个幻灯片的内容，其表现方式为排版整齐，同时中心点内容突出。

图 10-17　PPT 中某一个幻灯片的内容

图表在 PPT 中的应用，也是着力于信息展示方面。如图 10-18 所示，为某个 PPT 中的图表内容，它便是通过循序渐进的方式来展示项目的商业模式信息的。

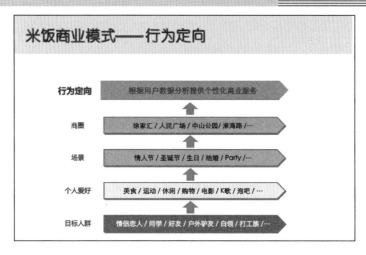

图 10-18　某个 PPT 中的图表内容

080　阅读效率性

在 Word 模式的商业计划书中，投资人可以通过商业计划书的摘要来了解整个商业计划书的大概内容，但是具体的内容还需要通过阅读数十页的计划书来进行详细分析。对于 PPT 模式的商业计划书而言，投资人阅读整个商业计划书所需的时间和精力大大降低，也就是提高了阅读的效率。

在单个幻灯片中，内容往往集中于一个中心点。如图 10-19 所示，为某商业计划书中的运营策略与投资回报分析，幻灯片的内容围绕运营策略与投资回报进行，这种方式便于信息的集中体现，从而提高了其阅读效率。

运营策略与投资回报

阶段	价格及盈利策略	股本规模	对外融资或股东拆借	资金规模	股本回报率	资产回报率	年税前利润
初期运营	低价策略，做规模	150.0	150.0	300.0	25%	13%	37.5
代理商阶段	差异化价格策略，提高平均利润率	300.0	200.0	500.0	40%	24%	120
运营商阶段	品牌战略，稳定利润率	500.0	500.0	1000.0	60%	30%	300

图 10-19　某商业计划书中的运营策略与投资回报分析

除此之外，分点进行内容阐述的方式也是提高阅读效率的方法。如图 10-20 所示，为某商业计划书中对成本估算内容的分点阐述。

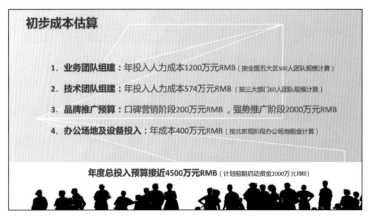

图 10-20　某商业计划书中对成本估算内容的分点阐述

081　专业统一性

在创作 PPT 模式的商业计划书时，从第一个幻灯片到最后一个幻灯片，创作者往往采用同一种风格，从而让商业计划书保持统一的表现方式，也体现出制作水准上的专业性。

如图 10-21 所示，为某商业计划书中采用统一风格来表现不同内容的案例，在模板形式不变的前提下，文字内容根据需求进行更改。

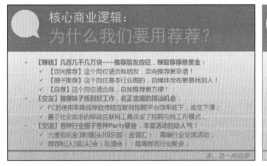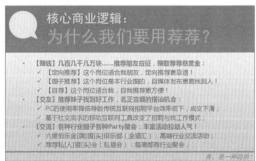

图 10-21　某商业计划书中采用统一风格来表现不同内容的案例

大部分的 PPT 模板都是采用同一种风格，但是对于少数 PPT 而言，在同一个商业计划书中可以根据内容的不同分为多种风格，但多种风格同样存在一定的相同之处。如图 10-22 所示，为某商业计划书中的团队介绍和财务预算，不同内容的介绍模式存在不同之处，但是整体的色彩搭配、内容的展示方式是类似的。

图 10-22　某商业计划书中的团队介绍和财务预算

第11章

9个优势,通过Word完美诠释商业计划书内容

学前提示

在制作商业计划书时,除了可以用PPT模式进行制作之外,更常见的是采用Word模式进行制作。

本章主要针对使用Word模式的多方面优势进行说明,包括从制作者角度出发的优势分析、从接受者角度出发的优势分析和从商业计划书的要求出发的优势分析。

要点展示

- ❖ 图片直接插入
- ❖ 文本转换图形
- ❖ 文档快速共享
- ❖ 信息丰富展示度
- ❖ 便于了解自身水平
- ❖ 内容调整快速
- ❖ 便于修改恢复
- ❖ 体现沉稳真实感
- ❖ 规范统一模式性

082 图片直接插入

Word 的全称为 Microsoft Office Word，是由微软公司推出的一个文字处理器应用程序，主要作用是为用户提供较为美观的文档，与 PPT 同属于微软推出的 Office 套件的核心程序。

与 PPT 模式相比，Word 的功能内容较少，其中直接涉及内容编辑的文件按钮主要有 6 个，即信息展示、新建文档、打开文档、共享文档、保存文档。

Word 从正式出现以来，已经有十几次的功能更新。

如图 11-1 所示，为 Word 软件的部分更新历程。

```
1989年 11月 Microsoft Word for Windows 1.0
1990年 Microsoft Word for Windows 1.1
1990年 Microsoft Word for Windows 1.1a，Windows 3.1专用
1991年 Microsoft Word 2 for Windows
1993年 Microsoft Word 6 for Windows
1995年 Microsoft Word 95，亦称Word 7
1997年 Microsoft Word 97，亦称Word 8
1999年 Microsoft Word 2000，亦称Word 9
2001年 Microsoft Word XP，亦称Word 10
2003年 Microsoft Office Word 2003，亦称Word 11
2006年 Microsoft Office Word 2007，亦称Word 12
2010年 Microsoft Office Word 2010，亦称Word 14
2012年 Microsoft Office Word 2013，亦称Word 15
```

图 11-1　Word 软件的部分更新历程

在商业计划书的制作方式中，Word 的制作成本也很低，但是，Word 软件的功能十分强大，能够帮助用户快速完成商业计划书的制作，而用户无须为软件本身付出太多费用。

在商业计划书的具体制作中，创作者可以通过 Word 的免费功能来添加相关效果，从而更有效地展示文字信息，以及提高商业计划书的制作效率。

如图 11-2 所示，为 Word 中部分免费功能的说明。

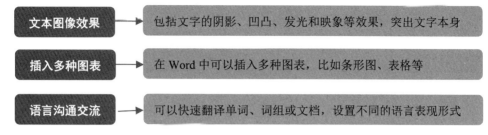

图 11-2　Word 中部分免费功能的说明

对于商业计划书的创作者而言，软件如果能够帮助其快速地调动图片、文字，就能够节省其完成商业计划书的时间。在 Word 中，图片的直接插入正是其主要的功能之一。

如图 11-3 所示，为某商业计划书中插入的相关授权证书图片案例。

图 11-3　某商业计划书中插入的相关授权证书图片案例

除了插入图片之外，创作者还可以通过 Word 中的图片编辑工具，对相关的图片进行简单编辑。图片编辑工具的功能有剪裁图片尺寸、添加图片特效、更改图片饱和度、调整图片色差、提高图片亮度、改变图片对比度等。

083　内容调整快速

快捷修改主要分为快速查找和及时修改两个方面的内容，方便创作者对商业计划书的内容进行改正或添加相关信息。

内容的快速查找可以通过 Word 功能实现，通常来说，查找相关内容主要有 4 种方式，即图形图号搜索、图表标号搜索、脚注内容搜索、注释内容搜索。

快速查找到相关内容之后，就可以通过修改来达到目标。Word 模式与 PPT 模式不同，在 Word 中并没有烦琐的幻灯片，不需要根据幻灯片的页数进行查找，而是直接在一个 Word 文档的界面范围内修改内容。

084　文本转换图形

在 Word 中，软件自带有 6 种视觉图形，供用户选择适合的类型来完成相关工作。如图 11-4 所示，为 6 种视觉图形的类型展示。

图 11-4　6 种视觉图形的类型展示

通过应用不同的类型，用户可以快速地使文本内容转换成更加通俗易懂的视觉图形。

如图 11-5 所示，为某商业计划书中采用组织结构图来说明内容的案例。

除此之外，创作者也可以直接将整个 Word 文档转化成 PDF 模式的文件，甚至还可以为 PDF 模式的文件添加独立密码。

这种快速转化的方式能够进一步提升文档的安全性，还能减少内容泄密的潜在可能性。

3. 组织架构设置：

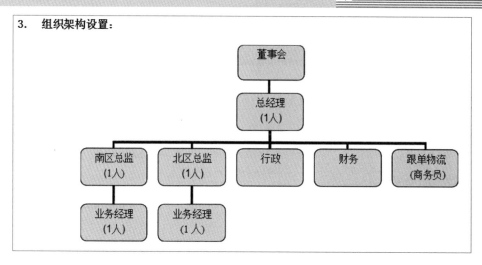

图 11-5　某商业计划书中采用组织结构图来说明内容的案例

085　便于修改恢复

为了防止用户的 Word 内容被意外地消除，Word 为用户提供了自动保存文档的功能。

如图 11-6 所示，为文档保存的相关设置，这种功能优势对于商业计划书的创作者而言是十分必要的。

图 11-6　文档保存的相关设置

086　文档快速共享

商业计划书在完成之后，可以第一时间通过文档共享的功能将文档发送出去。其他人可以通过接受文档，实现在任何地方访问、查看和编辑这些文档的目的。

目前 Word 的共享方式主要有 4 种，分别是邀请他人、电子邮件、联机演示和发布至博客。

以电子邮件进行文档共享的方式为例进行分析，如图 11-7 所示，为电子邮件共享文档的 5 种方式。

图 11-7　电子邮件共享文档的 5 种方式

087　体现沉稳真实感

PPT 模式的商业计划书在外在表现形式上非常精美，而 Word 的外在表现形式与之不同。如图 11-8 所示，为两种不同模式的商业计划书在竞争对手的分析内容上的外在表现的对比。

图片和外在布局形式的精美会在一定程度上影响文字信息的完整表达，而 Word 模式的商业计划书以文字自身为核心，以图片、图表等作为内容表达的辅助方式，而不是将图片、图表等作为主体，这是 PPT 模式与 Word 模式的本质区别。

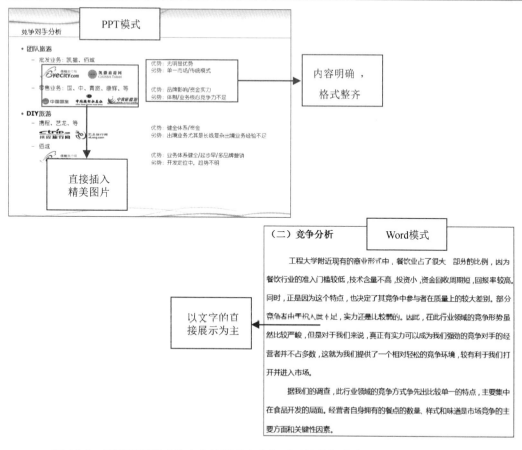

图 11-8　两种不同模式的商业计划书在竞争对手的分析内容上的外在表现的对比

088　信息丰富展示度

在 Word 模式中，商业计划书的内容在每个环节上都是环环相扣的，信息上下连接，整体布局按照一定的写作顺序进行，而与 PPT 模式中以幻灯片为单位进行展示的方式不同。

Word 模式在信息丰富上的优势主要体现在 3 个方面，即目录信息的丰富、环节内容的丰富和图表应用的丰富。

如图 11-9 所示，为某商业计划书的目录内容，目录中各个部分的内容分为多个二级标题进行全面展示，可见 Word 模式的信息丰富度是 PPT 所无法相比的。

由于 **Word** 的界面尺寸较大，所以在表现同一内容时，**Word** 能够更充分地展示内容的细节，从而提升信息的丰富程度。

如图 11-10 所示，为某商业计划书中的市场定位分析，在二级标题下又细分了多个标题，针对不同的重点内容分别进行分析。

目 录

一、执行摘要 1
   1. 项目概况 1
   2. 业务模式 1
   3. 市场机会 1
   4. 投资与财务 2

二、项目介绍 2
   1. 项目简介 2
   2. 项目开发 3
   3. 发展战略 4
   4. 商业模式 5
   5. 组织架构 5

三、市场分析 5
   1. 目标顾客描述 5
   2. SWOT 分析 5

四、市场营销计划 7
   1. 市场定位 7
   2. 产品策略 7
   3. 产品特点 7
   4. 推广策略 8

图 11-9　某商业计划书的目录内容

1、市场定位

● 策划目的
   将我们的 App 推出市场，先立足珠三角，打造出都市人喜欢的家庭式订餐的软件平台，占有大份的市场份额。
● 策划目标
   ➢ 目标市场：上班族、宝妈、大学生等社会大众（先是珠三角，后是全国）。
   ➢ 市场定位：家庭式餐厅的开展，活动交流。
   ➢ 需要解决的问题。
    ① 市场上订餐平台软件很多，如何突出我们的特点？
    ② 消费者对我们的平台认知度不大，如何提高客户的认知度？
    ③ 宣传要找准方法，如何找准市场？
    ④ 可能性。
    a. 做好宣传，加深消费群体对我们的平台的认知度。
    b. 与学校、小区物业管理建立良好的合作关系，为以后开拓市场创造机会。
    c. 挖掘年轻一代上班族成为我们的客户。

图 11-10　某商业计划书中的市场定位分析

    PPT 中的一个图表往往就占据了一个幻灯片的内容，但在 Word 中，在分析信息时可以同时采用多个类型的图表来从不同的角度证明信息的真实性，在信息展示上的丰富度也随之提升。

    如图 11-11 所示，为某商业计划书中投资与财务分析报告内容中的表格，通过多个表格展示不同信息的方式来表现与投资和财务相关的信息，提升信息的丰富度。

2. 经营设备和办公家具

类别		金额（元）
办公室租金		72000
办公设备	电脑	92000
	传真、电话、打印机	1600
	服务器	10000
	办公家具	32600
	办公用品	2400
预算	薪资	1062000
	设备维修、开发APP费用、专利申请	240000
	其他	27960
合计		1540560

3. 预期收益

年/名称	预期支出	预期收入	盈亏预算
第一年	¥4,381,560	¥0	¥-4,381,560
第二年	¥5,168,730	¥12,240,000	¥7,071,270
第三年	¥5,271,438	¥120,720,000	¥115,448,562
第四年	¥5,815,146	¥361,440,000	¥355,624,854
第五年	¥6,078,136	¥361,440,000	¥355,361,864

图 11-11　某商业计划书中投资与财务分析报告内容中的表格

089　规范统一模式性

大部分 Word 模式的商业计划书在表现形式上都是类似的，规范统一的外在表现就是由 Word 提供的基本功能所打造的效果。

如图 11-12 所示，为典型的 Word 模式的商业计划书的表现形式，其特点为文字整齐、按照顺序来进行内容的阐述。

图 11-12　典型的 Word 模式的商业计划书的表现形式

在 Word 基本模式不变的情况下，创作者也可以根据个人的习惯来创作出更有特色的商业计划书。如图 11-13 所示，为某商业计划书中以数字序列为内容展现的形式来说明细节信息。

```
3.2 产品策划简述
  1. 产品功能策划
    （1）强大的互动功能，包括互动交流（在线聊天）、玩家对战及虚拟物品在线交易；
    （2）强大的升级功能，每隔一段时间就有新的武器推出，奖励玩家对战的获胜者；
    （3）玩家职位特征，每升一定级别，玩家就会得到新的职位，给玩家更强的耐玩性；
    （4）每周、每月都会在手机网络上举行擂台赛，获胜者给予一定的物质奖励。

3.3 产品开发周期
    （1）单机版游戏开发阶段：制作完毕游戏的战斗系统，物品系统，升级系统，特级系统，各大主菜单和主要画面，并为网络版留好各种接口。现在已完成。
    （2）网络版开发阶段：开发再现交流功能，包括在线聊天和玩家物品买卖两个系统，同时在真机上进行游戏测试和公开测试；
    （3）后续开发阶段：游戏运营后进行产品升级，同时改善游戏各方面的平衡性。
```

图 11-13　某商业计划书中以数字序列为内容展现的形式来说明细节信息

除了运用基本的 Word 模式进行内容展示之外，在表现形式上创作者也可以采用全表格或图表等更具创新意味的表现形式，来吸引投资人的注意力。

090　便于了解自身水平

Word 模式的商业计划书，更能够直接体现出制作者在商业上掌控全局的水平，在内容上包括商业计划书摘要和正文，投资人可以通过摘要对制作者的水平及项目内容获得基本的认识。

在部分简单的商业计划书中，制作者并没有提供摘要内容，而是直接展示正文内容。如图 11-14 所示，为某个简单型的商业计划书中的部分内容。

```
            餐饮商业计划书
一、项目名称：六汇集韩式自助烤肉绿色特色餐饮
二、创业目标发展以巴味为注册商标的绿色特色餐饮品牌，利用合理有效的管理和投资，建立一个具有浓郁中韩文化特色的绿色餐饮有限连锁集团公司。六汇集韩式自助烤肉绿色特色餐厅已成为目前餐饮经营者建店的一种时尚，主要也是因为消费者同样喜欢在这种环境中用餐。使消费者在吃的过程中了解一些当地的历史知识、风俗文化是它的最大优点。这种餐厅在短期内还不会被淘汰。当然还必须看该餐厅在对文化挖掘的层次和深度。
```

图 11-14　某个简单型的商业计划书中的部分内容

与具备优质摘要内容的商业计划书相比，这种简单型的商业计划书显然不够专业。如图 11-15 所示，为某商业计划书中的摘要部分。

图 11-15　某商业计划书中的摘要部分

对于商业计划书而言，投资人首先看重的就是摘要，所以专业的商业计划书中不能没有摘要内容。同时投资人可以通过各个环节的具体信息了解到制作者是否对项目本身有着充分的把握、相关的事项是否已有准备。

除此之外，**Word 模式是最通用的文档模式，无论是直接转化成为 PDF，还是用纯文本的方式打开，都不影响其文字内容。**

Word 在不同的操作系统中有不同的功能，例如在 Word 中的阅读模式，可以为用户提供更快捷的阅读文件的界面。在触屏系统中，Word 直接支持多重触控和手写操作。触屏系统中的阅读模式的相关功能有通过触屏操作换页、进行页面大小缩放、利用触控输入信息、手写输入批注内容等。

第 12 章

13 个思考，多种渠道寻找投资人并成功接触

学前提示

即使拥有优质的商业计划书，如果没有适合的投资人来投资，那么商业计划书的价值就无法得到体现。

本章主要针对商业计划书的创作者如何寻找投资人并成功接触的方式进行分析，具体内容分为寻找投资人的必要性、寻找投资人的具体渠道和与投资人接触的注意事项。

要点展示

- ❖ 寻找投资人的必要性
- ❖ 为面谈做好充足准备
- ❖ 根据信息资料的指引
- ❖ 通过直接接触投资人
- ❖ 通过各类节目寻找投资
- ❖ 对话内容要简明扼要
- ❖ 规避常见的失败因素
- ❖ 介绍团队配置的分工
- ❖ 通过中间人机构寻找
- ❖ 通过参加会议与论坛
- ❖ 利用新媒体进行寻找
- ❖ 突出自身的优秀程度
- ❖ 提供充分的文件资料

091　寻找投资人的必要性

投资人对于商业计划书的重要性是不言而喻的，没有投资人的资金帮助，项目就无法获得成功。**投资人主要是指投入资金来购买某种资产以确保后期收益的自然人或者法人。**

以下将主要集中于对寻找投资人的必要性进行 3 个方面的分析，即投资人对项目的意义、投资人对计划的影响、投资人对项目的反馈。

1. 投资人对项目的意义

投资人对项目的主要意义，在于为项目的实际执行提供资金支持。 缺少资金的项目无法得以成功执行，而获得资金的项目能够解决资本运作的问题，从而可以集中精力进行发展。投资人认可项目才会对项目投入资金，接着管理团队执行计划，计划才能得以正常运作，最后实现商业计划书的目标。

资金是商业计划书的主要需求，对于商业计划书的创作者而言，资金的支持能够为团队或企业的发展提供极大的助力，所以在具体的项目运作中，创作者必须要明确所需融资资金的额度。

除此之外，投资人对项目的意义还在于投资人能够运用自身的资源更好地帮助项目获得成功。

2. 投资人对计划的影响

要了解投资人对于计划的影响，首先需要根据其对项目进行投资的真实意图进行分析。

如图 12-1 所示，为常见的 3 种投资人真实意图分析，这种分析能够帮助创业者更好地了解投资人。

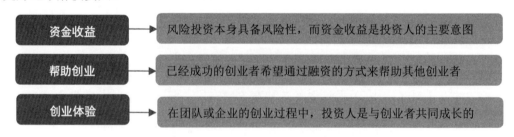

图 12-1　常见的 3 种投资人真实意图分析

投资人根据不同的意图进行投资，在项目正式执行时，投资人对团队或企业的整个发展计划所造成的影响是不同的。 如图 12-2 所示，为投资人可直接对项目造成的多个影响方面。

3. 投资人对项目的反馈

对于商业计划书而言，寻找投资人的必要性不仅仅只是体现在投资人对项目的意义，以及投资人对计划的影响上，还体现在投资人对项目的反馈上。

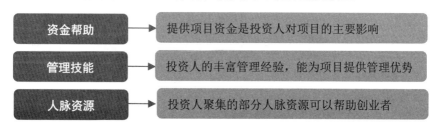

图 12-2　投资人可直接对项目造成的多个影响方面

不是每一份商业计划书都能够获得投资人的认可，那么对于部分失败的商业计划书而言，获得投资人对项目的反馈，就能够促进商业计划书投出之后的成功概率。

对于创业团队或企业而言，商业计划书被退回后，可以有针对性地询问投资人不看好项目的原因。

如图 12-3 所示，为投资人对项目的常见反馈内容。

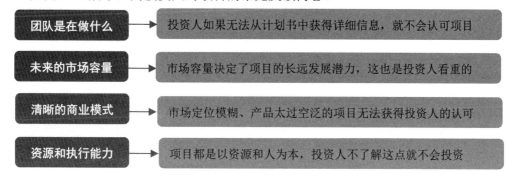

图 12-3　投资人对项目的常见反馈内容

092　介绍团队配置的分工

团队配置的分工是介绍核心团队必须具备的要素之一，科学合理的配置分工可以增强团队的战斗力。创业者在创建团队时首先要了解组建团队的基本原则，主要分为以下几点。

1. 目标明确合理

创业者要制定明确的目标，以便团队成员能够明确地理解团队战斗的共同方向。但同时目标要合理务实，不能"假大空"，这样才能真正实现激励的目的。

2. 优势互补

创业者寻求团队合作是为了补充创业目标与能力之间的差距。团队的成员通过在技能、经验上的合作，可以实现优势互补，发挥"1+1＞2"的协同效应。

3. 合理化、效率化

初创期企业的运营成本短缺，创业团队的结构越简单越有利于有效的运作。

4. 动态开放

创业前途的不确定性会导致成员的稳定性差，团队的组建要保持开放的动态性，吸纳真正有能力和毅力的人进入团队。

团队的岗位是根据组织的目标设定的，它是权利和责任的结合体，科学合理地分配和明确任务划分可以确保整个组织的有序前进。一个基本的岗位配置应该包括 4 点，即一个具有领导能力的队长、一个具有活跃思维的策划、一个交际能力强的营销和一个具有专业知识的财务。

团队成员要顺利执行业务计划并完成各项任务，就有必要事先在团队中分派好任务。创业团队的完美结合不是在业务开始时建立起来的，而是需要公司经历过一段发展时间，在不断壮大的过程中建立起来。随着公司的发展，团队组建不合理的方面会自然显现出来，此时则需要结合公司目前的业务发展情况调整队伍。

团队的协作和调整必须是一个动态和持续的过程，创业者在调整的过程中要注意不能影响团队的日常运作，保证企业的正常发展。

093　为面谈做好充足准备

与投资者面谈前一定要做好充足的准备，不能过分自信，仅仅凭借一份形式上较为完整的商业计划书，在不了解风投公司思维方式的情况下，是很难让投资人给你投资的。因此，一定要重视面谈的重要性，以下从 3 个方面进行阐述。

1. 做到心中有数

首先要对商业计划书中的每个部分都了如指掌。商业计划书完成后，对商业计划书做些准备，就好比写完毕业论文需要为答辩做准备一样，因为投资者一旦对你的商业计划书产生兴趣，就极有可能会约面谈。

创业者在与投资人面谈时，应该带上律师、会计师以及高级管理人员一起参加会议。在会议过程中，一些专业性的问题由他们来回答会更加妥当。在会谈开始前，创业者应对的商业计划书中的每一部分都熟记于心，做到有备无患，如：公司发展过程中的重要事件、公司产品或服务的发展特点、产品的发展份额、市场痛点以及退出机制等。

2. 做好心理准备

在和风险投资方正式讨论投资计划前，还要做好 4 个方面的心理准备。

(1) 准备应对一大堆提问。如果风险投资方对项目感兴趣，通常会向企业家提出一大堆问题，以考察项目潜在的收益和风险。

(2) 准备应对风投对管理的查验。风险投资方不仅看的是眼前，还有企业在三年、五年之后的价值是否值得投资。

(3) 准备放弃部分业务。在某些情况下，风险投资方可能会要求企业放弃一部分原有业务使其投资目标得以实现。在投入资本有限的前提下，只有集中资源才能在竞争中立于不败之地。

(4) 准备做出某些妥协。企业家和风险投资者的目标不可能是完全相同的，在正式谈判前，企业家要做的重要的准备(也是第一个心理准备)就是：为满足风投的要求而做出一定的妥协。风险投资不愁找不到项目投资，当出现分歧时，寄希望于风险投资者做出让步和妥协是不太现实的。

3. 掌握必要的应对技巧

在引资谈判过程中通常会通过若干次会议才会完成。在大部分会议中，应注意以下两点：

(1) 尽量地让风险投资人认识并了解本企业的产品或服务。如果能提供产品的样品或者成品的话，效果会更加直观并且印象深刻。

(2) 应始终把注意力放在商业计划书上。会议常常会延续几个小时，有些企业家此时可能会变得十分健谈，并不自觉地谈论一些与商业计划书无关的内容，或是聊一些关于未来的"假大空"计划。企业家在会谈时一定要注意避免这种会给投资者带来不好的印象的做法。

另外，一些经验丰富的风投专家还指出，企业家最好在会谈之前准备好基金经理可能会问到的问题，并且做到对答如流，给对方留下良好的印象，以达到事半功倍的效果。

094 通过中间人机构寻找

在商业经济市场中，目前存在大量的专业从事风险投资中介服务的公司或网站平台。这种中间人机构需要具备一定的水平与服务。

中间人机构中的人才类型主要分为 4 种，即专业的法律领域人才、专业的金融领域人才、专业的理财领域人才、企业管理领域的人才。通过这些公司或平台，商业计划书的创作者可以更好地获得融资。

如图 12-4 所示，为中国风险投资网的官方主页，这就是专业从事风险投资中介服务的网站平台。

图 12-4　中国风险投资网的官方主页

　　从事风险投资中介服务的中间人机构，分为综合化的机构和垂直化的机构两种。在综合化的机构中，机构为用户提供商业计划书的创作、信息服务与咨询、提供融资渠道联系方式等全方位服务。

　　垂直化的机构则针对用户进行融资的某个方面提供相应帮助，常见的垂直化的机构类型包括：资产评估机构、行业协会、财务顾问机构、投资银行、律师事务所、信息咨询机构、技术资讯机构、会计师事务所、市场调查机构和企业理财机构等。

　　风险投资的中间人机构之所以能够成为帮助创业者获得融资的角色，是因为中介机构熟悉金融市场产业，并可以运用多种金融工具和渠道，在项目和资本之间牵线搭桥，从而让创业者的项目寻找到适合的投资人。

　　寻找中间人机构来帮助项目快速寻找到投资人是最为常见的一种方式，其优点主要有以下 3 个方面。

　　(1)　十分便利。

　　创业者不需要花很多时间在简单的收集信息、通信联络等事务上，可以把时间花在更重要的工作上。

　　(2)　十分专业。

　　找职业中介人代为处理一系列融资事务，实际上是非常划算的。风险融资涉及很多专业事务，如果有创业者自己做，难免存在瑕疵，并留下一些法律上的漏洞。

　　(3)　成功率高。

　　由职业中介服务机构提供的融资服务更专业。通过职业中介进行风险融资会远高于创业者自行进行的融资活动。

　　其缺点也包括 3 个方面。

　　(1)　费用高。专业机构通过服务一般会收取两种费用：基本服务费和业绩提成。

融资成功前，他们会为创业者提供专业的服务，如代写商业计划书、财务顾问、管理顾问、联系和投资者见面等；而一旦融资成功，还要根据融资总金额收取业绩提成。

(2) 商业计划书的内容容易被泄露。

(3) 可能出现不利的利益冲突。

095 根据信息资料的指引

在部分专业机构中，收集风险投资公司的信息用来作为机构的服务提供给创业者是十分常见的。

信息资料中的内容主要包括：公司名称、公司地址、电子邮箱、公司邮编、电话号码和传真号码等。

从专业机构中获得这些基本的风险投资公司的信息资料之后，创业者就可以快速地联系到多位投资人，然后选择部分符合商业计划书内容类型的投资人发送商业计划书，以求获得融资支持。

096 通过参加会议与论坛

创业者寻找投资人时可以参与的会议与论坛可归纳分为两种，分别是专为创业者与投资人进行联系而举办的会议，和带有行业性质的学术研讨会。

如图12-5所示，为两种不同模式的内容分析。

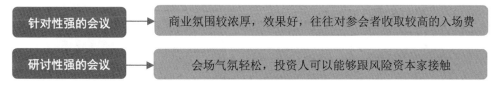

图12-5 两种不同模式的内容分析

在国内，风险投资领域中影响力较为广泛、参会人数众多的会议与论坛主要有中国国际高新技术成果交易会和中国风险投资论坛。

如图12-6所示，为中国国际高新技术成果交易会的官方主页，交易会的主要内容包括技术成果展示和交易、行业产品展示、与会人员交流等。

如图12-7所示，为中国风险投资论坛活动的官方主页，它是中国金融领域的重大盛会，每年举办一届，影响力十分广泛。

图 12-6　中国国际高新技术成果交易会的官方主页

图 12-7　中国风险投资论坛活动的官方主页

097　通过直接接触投资人

在不同的行业领域中，不同层次的投资人的信息公开程度是不同的，创业者也可以根据已有资料直接去联系和拜访投资人。

创业者可以直接联系投资人，对项目进行分析并阐述，与投资人进行面对面的探讨，从而在吸引投资人投资兴趣的同时，获得其他投资人的关注。

098　利用新媒体进行寻找

互联网的发展在风险投资领域得到了最广泛和有效的应用。在互联网上有成千上万的风险投资网站，创业者可以根据相关信息直接通过搜索引擎寻找投资人的信息，或者直接联系投资人。

但值得注意的是，企业家在提交商业计划书时一定要考虑到保密性，持有谨慎的态度。

如图12-8所示，为搜钱网上向用户公开提供的部分投资人联系方式。

图12-8　搜钱网上向用户公开提供的部分投资人联系方式

099　通过各类节目寻找投资

通过电视节目寻找投资也是目前常见的一种方式，效果和影响力都较好。在财经类的电视频道中，有专门为创业者寻找投资人的节目。

如图12-9所示，为中央电视台推出的《给你一个亿》节目宣传图。

在节目中，参与者通过说明自己的创业项目，同时回答投资人的相关提问，达到说服投资人对项目进行投资的目的。

图 12-9　中央电视台推出的《给你一个亿》节目宣传图

100　突出自身的优秀程度

投资人看重商业计划书的内容，但是也看重创业团队，所以对于创业者而言，在与投资人的接触过程中如何突出自身的优秀程度是十分重要的。

自身优秀性的具体表现类型主要为正直诚恳的态度、强烈的商业动机、投身商业的积极性。

面谈时，风投一般会比较欣赏具有以下几种素质的企业家。

1. 态度忠诚正直

投资者投资一大笔钱，却不知道你会用它干什么，所以这时企业家要表现出正直、可信、守法、公平。每个风险投资商都希望所合作的创业者具有忠诚正直的品质。因为他们深刻地了解，一个不忠诚的人迟早对自己也不忠诚。

在这里，忠诚正直通常包括：正直，即创业者要讲真诚，对企业投资者胸怀坦荡；可信，即创业者在各种交易行为中是可以信赖的；守法，即创业者信守合同，遵纪守法；公平，即创业者奉行公平交易准则。

2. 强烈的商业动机

商业动机即有强烈的获利欲望。当风投给了你一笔钱时，要表现出自己最终的目标是盈利。因为这也是投资者最感兴趣的事情。

3. 自身的高智商能力

俗话说，商场如战场。没有过人的本领，要战胜对手是难以想象的。风投所看重的天资过人的创业者，不是指那些从名牌大学里毕业的人，而是泛指所有善于逻辑推理、善于创新并能够根据事态的变化作出果断判断的人。

4. 学识领域的优秀

拥有名牌大学的学位在一定程度上可以证明创业者具有一定的开发能力和知识基

础,但这并不能代表全部。无论是否拥有名牌大学的学位,他们共同拥有一种素质,那就是善于通过综合分析,认识事物的本质。能够根据自己的知识和经验进行充分的分析,进而作出正确的判断和最优决策,同时还要敢于承担必要的风险。

5. 具备领导素质

首先,一个企业,无论大小,都是一个团队。团队中的每一个人都难免有自己的想法和欲望,作为企业的带头人,必须具备领导团队成员勇攀高峰的素质。如果一个创业者仅仅只具有研究和开发能力,而缺乏必要的领导素质的话,风险投资商也不会放心地投入资金。

其次,创业者必须要创立团队内部良好的交流沟通渠道,并且不断协调合作过程中所出现的各种问题,同时能够将项目或者企业的发展状况与风险投资商进行良好的沟通。

再次,创业者的领导能力还表现为要有勇气承担整个公司的责任。当身处逆境时,有勇气承担并克服困难,善于处理日常问题,为了追求更高目标,敢于修改既定计划,眼界开阔,不仅仅只限于热心地解决仅有利于自己的问题。

总而言之,领导能力既表现为独立处理问题的能力,更表现为组织他人共同解决问题的能力。

6. 创新的团队能力

现代化的企业要求是发展,还需要不断地创新。创业者在学识渊博的基础上,还要善于思考、善于倾听、善于与外界进行信息交换,头脑灵活地对每天获得的新信息进行处理,并在这个过程中,使原来的状态获得改变,这就是创业者的创新能力。

只有具备创新能力的创业者才能够开发出新产品、寻找到新市场、把握新技术,进而开拓一项崭新的世界,而且创新能力还可以使创业者在遇到意外事件时,能够创造性地解决问题。

7. 扎实的实干精神

创业者一定要具有肯苦干的精神,缺乏这种精神,即使具有创新能力和过人的素质,也难以达到创业成功的目的。

这些优秀的品质可以由创业者通过与投资人的直接接触来展现,也可以在商业计划书中的团队介绍时直接提及。优秀的创业者给投资人的良好的第一感觉必然能为商业计划书的成功增加机会,这点是创业者必须注意的事项之一。

101 对话内容要简明扼要

在与投资人进行对话时,相关内容的说明要尽可能地简洁,确保交流的信息是简明扼要的。

要想达到这个内容效果，创业者在与投资人进行对话时要遵守"四要"和"四不要"的原则。

与投资人对话要遵守的"四要"原则如下。

(1) 要对整个过程保持着主动和热情的态度。
(2) 要清晰地认识个人底线，必要时拒绝对方。
(3) 要了解投资人的个人情况，有针对性地交流。
(4) 要了解投资人的已投资项目及投资意愿。

与投资人对话要遵守的"四不要"原则如下。

(1) 不要主动回避任何与项目相关的问题。
(2) 不要将模棱两可的回答提供给投资人。
(3) 不要隐藏直接影响项目执行的重要问题。
(4) 不要对条款内容过多限制，可灵活处理。

102　提供充分的文件资料

当创业者与投资人进行实际接触时，只有一份商业计划书往往很难满足投资人进一步了解项目信息的需求。

准备好必要的文件资料，是获得投资人进一步认可的方式，也是体现创业者个人能力的一个方面。

同时，提前递交商业计划书可以争取获得带风投外延网络的推荐。在和风险投资方面谈融资事宜前，应准备好的文件有 4 种，即《**商业计划书摘要**》《**商业计划书**》《**尽职调查报告**》以及营销材料，这是任何直接或间接与创业企业产品或服务销售有关的文件材料。

如图 12-10 所示，为针对实际接触时必备的文件资料内容的分析。

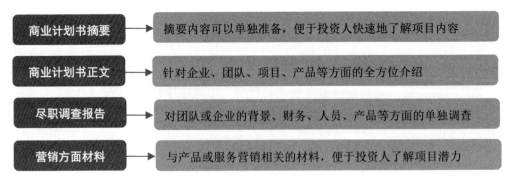

图 12-10　针对实际接触时必备的文件资料内容的分析

103 规避常见的失败因素

对于创业者而言，无论是创作商业计划书，还是与投资人进行实际接触，在这个过程中都需要规避常见的失败因素。**这些失败因素会导致商业计划书的价值流失，最终无法获得投资人的认可。**

如图 12-11 所示，为常见的失败因素分析。

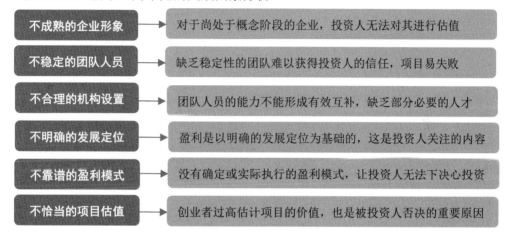

图 12-11 常见的失败因素分析

第13章

5个案例：
详解热门行业的商业计划书内容

学前提示

行业不同，面临的实际情况不同，而编写商业计划书的侧重点也会有所不同。

本章笔者将通过具体案例对5大热门行业的商业计划书进行详细的解读，帮助大家更好地编写适合自己的商业计划书。需要特别说明的是，为了增强展示效果，本章中选择的商业计划书案例为PPT格式。

要点展示

- ❖ 旅游类案例——爱尚旅行
- ❖ 餐饮类案例——小张蒸菜
- ❖ 医疗健康类案例——逸家
- ❖ 硬件类案例——智图
- ❖ 文娱类案例——怪咖秀

10.4　旅游类案例——爱尚旅行

随着全球经济的持续发展和生活水平的提高，旅游行业也成为一个新兴行业，在社会上占据了庞大的市场，获得了快速的发展。而为了进一步发展，部分旅游企业和品牌会选择融资。本节笔者将以爱尚旅行为例，具体解读旅游类商业计划书的相关内容。

1．内容展示

爱尚旅游是一个基于旅游社交和旅游大数据的新型自由行服务平台，下面是其在疯狂 BP 平台中发布的商业计划书内容。

1）封面

爱尚旅行商业计划书的封面主要由两部分构成，一是居中的标题和对品牌的简单介绍；二是封面采用了一张旅游景点的图片作为背景，与主题呼应，具体如图 13-1 所示。

图 13-1　封面页面

2）市场概况

"市场概况"部分主要是对旅游行业的大致分析，市场潜力是影响投资人作出决策的重要因素之一，而旅游行业的市场优势则主要体现在 3 个方面，具体如图 13-2 所示。

3）痛点分析

爱尚旅行认为，当前的传统旅游行业满意度下降、个性化需求得不到满足、旅行体验与质量无法把控，具体如图 13-3 所示。

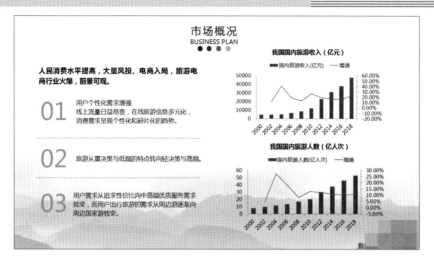

图 13-2 "市场概况"页面

图 13-3 "痛点分析"页面

4) 解决方案

既然旅行行业存在着明显的痛点,那要如何来解决呢?爱尚旅行给出了自己的答案,具体如图 13-4 所示。

5) 产品构想

产品构想方面,爱尚旅行对自身的几项业务进行了简单的介绍,具体如图 13-5 所示。

6) 盈利模式

对于投资人来说,投资最直接的目的就是获得收益。因此,对于盈利模式投资人通常会比较关注。爱尚旅行的盈利模式主要有 4 种,具体如图 13-6 所示。

图 13-4 "解决方案"页面

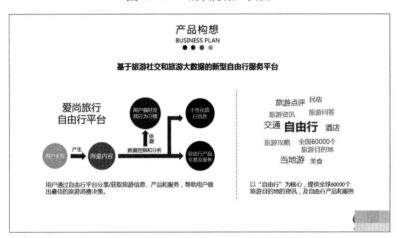

图 13-5 "产品构想"页面

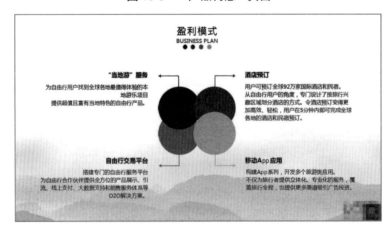

图 13-6 "盈利模式"页面

7) 竞争对手

竞争分析可以更好地看清主要竞争对手的相关情况，找到自身的优势和努力方向。爱尚旅行认为自己的竞争对手主要有4个，如图13-7所示。

图13-7 "竞争对手"页面

其竞争优势也体现在4个方面，如图13-8所示。

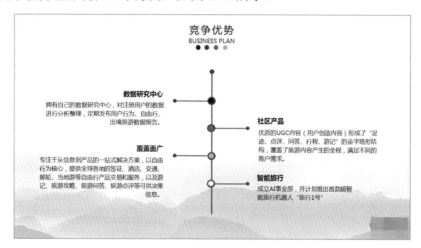

图13-8 "竞争优势"页面

8) 团队介绍

一个企业或项目的专业水准，主要取决于核心团队的水准。而爱尚旅行展示的3个核心团队成员都是具有丰富经验的专家级人物，具体如图13-9所示。

9) 融资计划

对于本次融资，爱尚旅行从融资额、出让股份和资金用途等方面进行了简单的说明，具体如图13-10所示。

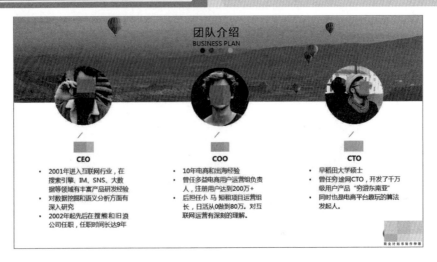

图 13-9 "团队介绍"页面

图 13-10 "融资计划"页面

10) 结束页

商业计划书要有首有尾，在爱尚旅行的商业计划书中，结束页主要是致谢，并给投资人留下联系方式，如图 13-11 所示。

2. 优缺点分析

看完爱尚旅行商业计划书的基本内容结构之后，接下来，笔者就对该商业计划书的优点和缺点分别进行分析。

1) 优点

爱尚旅行的商业计划书还是可圈可点的，首先，该商业计划书整体比较美观，其配图以旅游景点为主，与爱尚旅行这个品牌以及其所处的旅游行业相吻合；其次该商业计划书内容中的文字和数据都比较均衡，投资人能够通过商业计划书直观地了解爱尚旅行这个品牌。

图 13-11　结束页页面

2) 缺点

爱尚旅行商业计划书的缺点，或者说不足，主要体现在两个方面：一是没有目录，投资人不能直观地看到商业计划书的整体结构；二是商业计划书中的内容还是不够全面和详尽。

105　餐饮类案例——小张蒸菜

衣食住行是人们的基本生活需求，而餐饮作为"食"的重要组成部分，便成为人们关注的内容之一。那么，餐饮行业如何编写商业计划书呢？我们不妨先来看一下小张蒸菜的商业计划书。

本节中小张蒸菜的商业计划书来自于疯狂BP，其内容大致可以分为13个部分，具体如下。

1. 内容展示

1) 封面

小张蒸菜商业计划书的封面主要是展示了品牌名称和性质，并配备了相关的美食图片，具体如图13-12所示。

2) 市场概况

市场概况方面，小张蒸菜从市场规模、市场竞争以及蒸菜品类的关注度等数据报告进行了一些说明，具体如图13-13所示。

3) 痛点分析

在小张蒸菜看来，快餐目前的痛点主要集中在复热式加工降低口感、多油多盐不健康、采购黑洞和繁杂供应链与经营理念滞后这4个方面，具体如图13-14所示。

图 13-12　封面页面

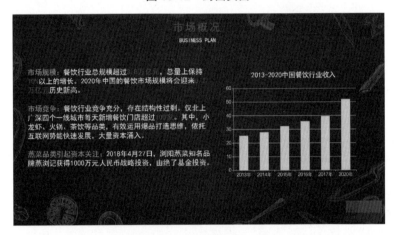

图 13-13　"市场概况"页面

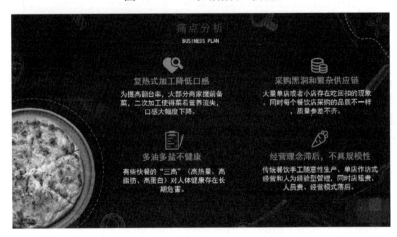

图 13-14　"痛点分析"页面

4) 解决方案

对于快餐目前存在的痛点，小张蒸菜认为可以从 4 个方面寻找解决方案，具体如图 13-15 所示。

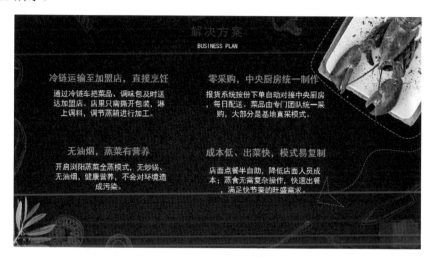

图 13-15 "解决方案"页面

5) 产品介绍

对于自身的产品，小张蒸菜从 3 个角度进行了说明，具体如图 13-16 所示。

图 13-16 "产品介绍"页面

6) 用户画像

哪些人需要吃快餐？小张蒸菜从 3 个方面对目标用户进行了画像，具体如图 13-17 所示。

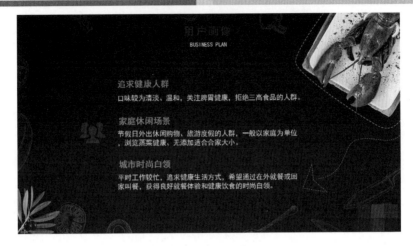

图 13-17 "用户画像"页面

7) 竞争对手

在小张蒸菜看来,目前主要的竞争对手有两个,具体如图 13-18 所示。

图 13-18 "竞争对手"页面

8) 竞争优势

面对强劲的竞争对手,如何生存、发展呢?小张蒸菜认为,其在供应链模式、产品和管理团队方面存在着特有优势,具体如图 13-19 所示。

9) 盈利模式

小张蒸菜主要有 3 种获得盈利的模式,即直营店销售收入、加盟费和食品加工费,具体如图 13-20 所示。

10) 运营数据

运营数据方面,小张蒸菜重点对月零售额和对盟店投资情况进行了说明,具体如图 13-21 所示。

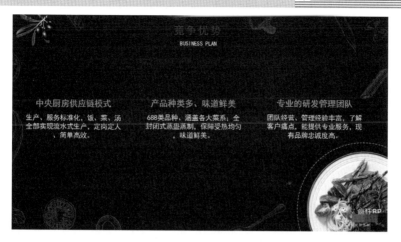

图 13-19 "竞争优势"页面

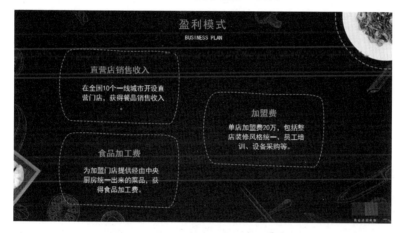

图 13-20 "盈利模式"页面

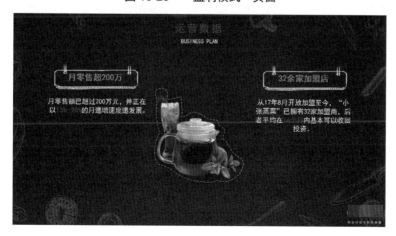

图 13-21 "运营数据"页面

11) 发展规划

对于此次融资，小张蒸菜做了一个计划，并对融资额度、出让股权比例、资金使用情况进行了说明，具体如图13-22所示。

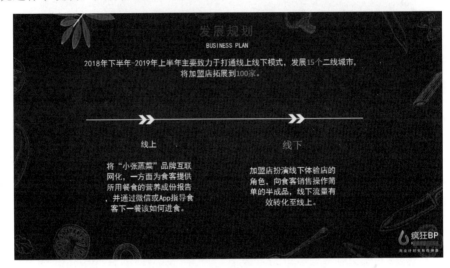

图 13-22 "发展规划"页面

12) 团队介绍

小张蒸菜的核心成员主要包括创始人、主厨、总经理，具体分析如图13-23所示。

图 13-23 "团队介绍"页面

13) 结束页

结束页中，小张蒸菜主要是进行致谢，并留下联系方式，具体如图13-24所示。

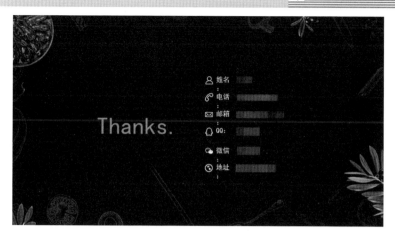

图 13-24　结束页页面

2. 优缺点分析

对于小张蒸菜商业计划书的优缺点,或许不同的人有不同的看法,下面笔者就来讲一讲自己的一些看法。

1) 优点

小张蒸菜商业计划书的优点是很容易看得出来的,首先商业计划书的整体内容比较全面;其次,版面比较美观,同时图片与自身业务有较大的相关性。

2) 缺点

内容以文字说明为主,数据相对来说比较少,投资人对于某些内容可能比较难以直观地把握。

106　医疗健康类案例——逸家

由于我国出生率的大幅下降和预期寿命的不断增加,人口老龄化越来越严重,而养老产业也因此而迎来了快速发展的"黄金阶段"。在我国的养老需求旺盛的情况下,催生了许多养老方面的企业和品牌。而这些企业和品牌为了进一步发展,也希望通过商业计划书的投递获得投资。这一节就以逸家为例,对养老健康类的商业计划书进行展示和分析。

1. 内容展示

从逸家在疯狂BP上展示的商业计划书来看,其商业计划书主要包括14个方面的内容,具体如下。

1) 封面

逸家的商务计划书封面主要是对其品牌的名称和性质以及主要业务进行了说明,具体如图13-25所示。

图 13-25　封面页面

2) 投资亮点

逸家的投资亮点主要体现在 4 个方面，即人群、市场、项目、趋势，具体如图 13-26 所示。

图 13-26　"投资亮点"页面

3) 市场概况

市场概况方面，逸家主要从人口老龄化和养老现状的相关情况进行了介绍，具体如图 13-27 所示。

4) 痛点分析

逸家认为当前养老行业中的主要痛点分为 3 点，即体验差、效率低、服务难，具体分析如图 13-28 所示。

5) 解决方案

针对养老行业中存在的问题，逸家认为主要有 3 种解决方案：一是数据共享；二是数据分析；三是服务完善，具体如图 13-29 所示。

图 13-27 "市场概况"页面

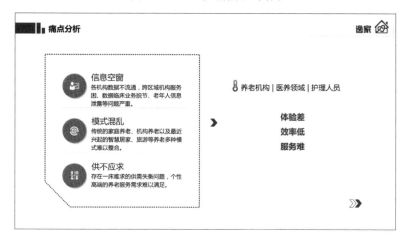

图 13-28 "痛点分析"页面

6) 平台介绍

平台介绍部分,逸家主要是从定位、用户、合作、功能、渠道、形式、基础、核心、技术、效果、模式、目标等方面进行了说明，如图 13-30 所示为产品介绍的相关页面。

图 13-29 "解决方案"页面

图 13-30 "平台介绍"页面

7) 盈利模式

逸家的盈利主要来自于 4 个方面，即会员收费、广告收费、技术收费和增值服务收费，具体如图 13-31 所示。

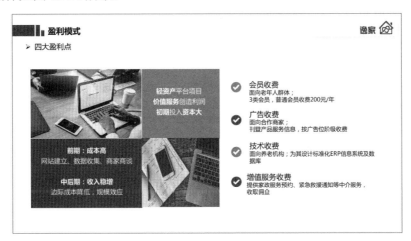

图 13-31 "盈利模式"页面

8) 竞争分析

通过对同行进行分析，逸家认为当前主要有 3 个竞争对手，如图 13-32 所示。

图 13-32 "竞争分析"页面

9) 创新优势

逸家的创新优势主要来自于 3 个方面，即智慧养老服务云、智慧养老网和智慧养老感知终端，具体如图 13-33 所示。

10) 目标规划

目标规划方面，逸家从前期、中期、后期、远景依次进行了说明，具体如图 13-34

所示。

图 13-33 "创新优势"页面

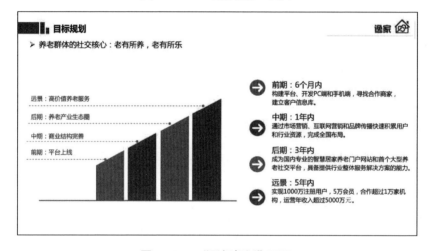

图 13-34 "目标规划"页面

11) 团队介绍

团队方面,逸家的商业计划书中重点对 CEO、CTO、COO 和 CMO 进行了介绍,具体如图 13-35 所示。

12) 融资需求

融资需求部分,逸家将融资额度与对应的股权比例,以及资金的用途进行了说明,具体如图 13-36 所示。

13) 退出机制

在退出机制方面,逸家重点从两个方向进行了说明,具体如图 13-37 所示。

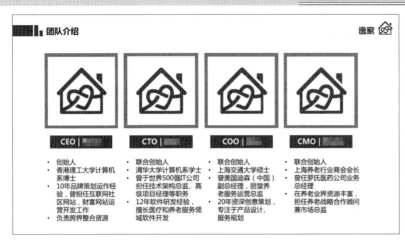

图 13-35 "团队介绍"页面

图 13-36 "融资需求"页面

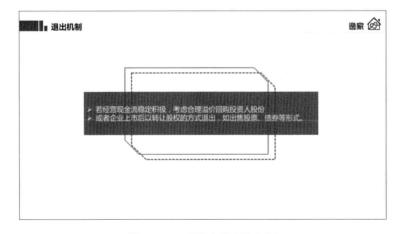

图 13-37 "退出机制"页面

14) 结束页

在结束页中,逸家主要是进行致谢,并为投资人留下联系方式,具体如图 13-38 所示。

图 13-38　结束页页面

2. 优缺点分析

看完整体结构之后,接下来笔者就对逸家商业计划书的优缺点分别进行解读,具体如图 13-56 所示。

1) 优点

整个商业计划书看下来,即便是一个外行都会觉得这是一个比较专业的养老品牌,内容十分完善,条理清楚。商业计划书中对技术特点、资质品牌等内容进行了展示,从而让人觉得商业计划书的内容比较具有说服力。

2) 缺点

虽然该商业计划书看上去内容比较丰富,但是,却缺少了部分内容,比如,对用户进行分析画像,让投资人更好地了解企业的目标客户,从而更好地判断企业及其产品的发展潜力。

107　硬件类案例——智图

可能说到硬件,许多人想到的是电脑硬件。需要特别说明的是,这里的硬件是指各类硬件产品,而不只是电脑硬件。这一节笔者将以智图为例,对硬件类商业计划书进行展示和分析。

1. 内容展示

从疯狂 BP 上智图发布的商业计划书来看,内容大致分为 14 个部分,具体如下。

1) 封面

封面上，智图列出了公司名称，并对公司主要的业务内容进行了简单的描述，具体如图13-39所示。

图13-39 封面页面

2) 项目介绍

公司项目介绍部分，智图主要是对其所在公司的发展情况进行了简单的介绍，具体如图13-40所示。

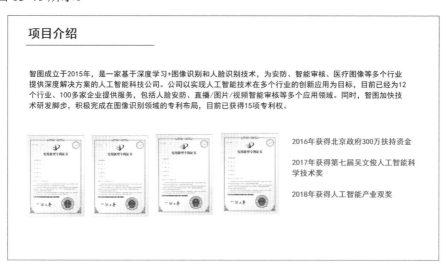

图13-40 "项目介绍"页面

3) 市场概况

人工智能的市场情况如何？智图对市场规模潜力、产品定位、市场占有率进行了说明，并对用户规模进行了预测，具体如图13-41所示。

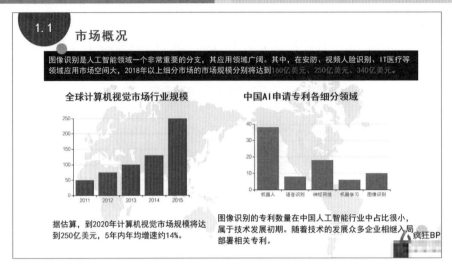

图 13-41 "市场概况"页面

4) 痛点分析

痛点分析部分,智图在商业计划书中从 4 个方面进行了解读,具体内容如图 13-42 所示。

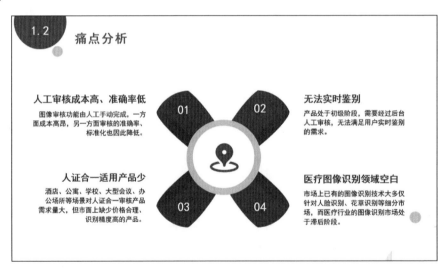

图 13-42 "痛点分析"页面

5) 解决方案

智图的痛点要怎样解决呢?智图认为可以通过提供自动识别功能、特殊场景的人证合一识别服务、推出实时鉴别服务、针对医疗行业开发相应产品 4 个方面进行重点突破,如图 13-43 所示。

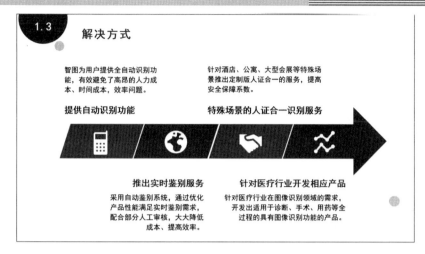

图 13-43 "解决方案"页面

6) 产品介绍

产品介绍部分,智图重点对 5 种产品和服务进行了简单的介绍,具体如图 13-44 所示。

图 13-44 "产品介绍"页面

7) 应用场景

对于产品的目标用户情况,智图通过图文结合的方式进行了画像,具体如图 13-45 所示。

8) 商业模式

商业模式部分,智图从加强核心技术研发与优化、制定标准化产品与服务、提供行业综合方案等 3 个方面进行了分析,具体如图 13-46 所示。

图 13-45 "应用场景"页面

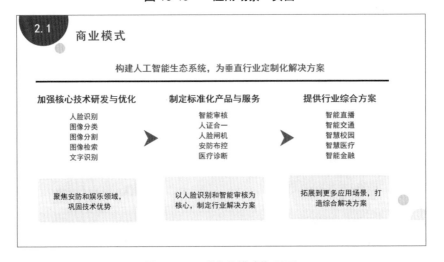

图 13-46 "商业模式"页面

9) 盈利模式

智图的盈利主要来自 5 个方面的收入,即硬件出售和出租收入、普通服务收入、定制服务收入、广告收入、数据变现盈利,具体如图 13-47 所示。

10) 运营数据

运营数据方面,智图重点从 3 个方面进行了展示,具体如图 13-48 所示。

11) 运营规划

对于未来的运营,智图从扩展用户数量、协同合作伙伴、进入不同细分领域、完成智慧城市综合方案 4 个方面进行了规划,具体如图 13-49 所示。

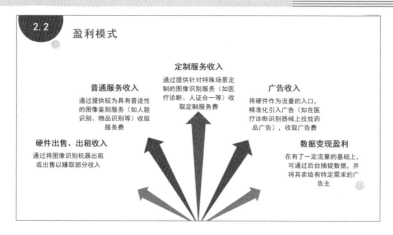

图 13-47 "盈利模式"页面

图 13-48 "运营数据"页面

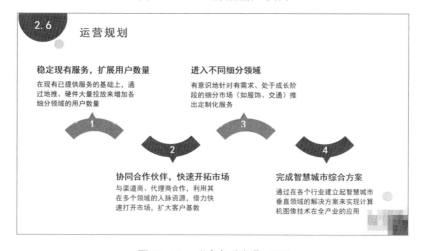

图 13-49 "竞争分析"页面

12) 团队介绍

智图的核心成员主要有 3 个，即 CEO、CTO 和 CMO，具体如图 13-50 所示。

图 13-50 "团队介绍"页面

13) 融资计划

对于此次融资，智图在商业计划书中对融资额度及其对应的出让股权，以及资金的用途进行了说明，具体如图 13-51 所示。

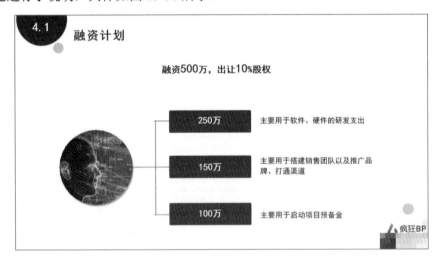

图 13-51 "融资计划"页面

14) 结束页

结束页部分，智图的商业计划书主要是进行了致谢，而整个页面的结构则与封面大致相同，具体如图 13-52 所示。

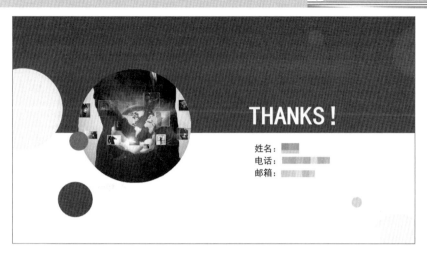

图 13-52　结束页页面

2. 优缺点分析

智图商业计划书的基本结构展示完了，你认为它的优缺点分别是什么呢？接下来，笔者就来说一下自己的想法。

1）优点

在笔者看来，智图商业计划书的优点主要有两个，一是内容全面，便于投资人全面掌握相关的信息；二是多次使用表格和数据，比较直观且具有真实性，容易使投资人信服。

2）缺点

笔者认为，智图商业计划书的不足主要是文字稍偏多，容易使得投资人感到疲惫，重点不够突出。

108　文娱类案例——怪咖秀

文化娱乐是人们生活中不可或缺的一部分，每个人都需要通过文化娱乐获得精神上的享受。作为文化娱乐中的一个重要组成部分——短视频 App，近年来获得了快速发展，与此同时，也有许多视频软件希望通过融资获得进一步发展的力量，比如这一节要介绍的怪咖秀便属于这一类。

怪咖秀发布在疯狂 BP 上的商业计划书主要有 15 个方面的内容，具体如下。

1. 内容展示

1）封面

怪咖秀商业计划书的封面主要是对平台名称及其性质进行了说明，具体如图 13-53 所示。

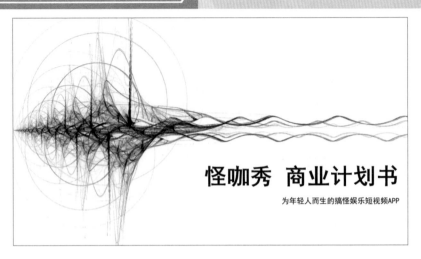

图 13-53　封面页面

2) 市场概况

市场概况方面，怪咖秀结合市场规模的走势以及预测数据进行了一些说明，具体如图 13-54 所示。

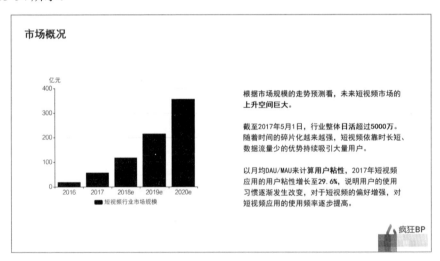

图 13-54　"市场概况"页面

3) 痛点分析

在怪咖秀看来，视频 App 目前的痛点主要有 3 点，即满足碎片化时间消费、实现拍摄原创视频的想法、学习拍摄视频难度大，具体如图 13-55 所示。

4) 解决方式

对于视频 App 存在的痛点，怪咖秀认为可以从 4 个方面寻找解决方案，具体如图 13-56 所示。

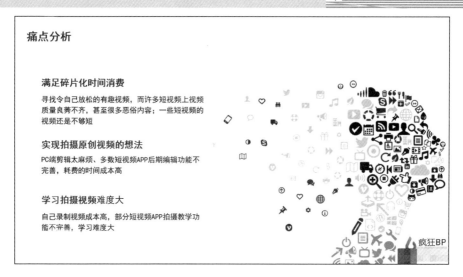

图 13-55 "痛点分析"页面

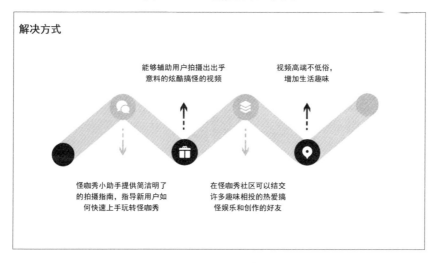

图 13-56 "解决方式"页面

5) 产品介绍

对于自身的产品,怪咖秀利用流程图的方式进行了梳理和说明,具体如图 13-57 所示。

6) 产品特点

商业计划书的产品特点部分,怪咖秀利用图标的形式进行了简要的介绍,具体如图 13-58 所示。

7) 用户画像

哪些人会使用视频 App?怪咖秀从年龄层、地区使用和消费群 3 个方面,对目标用户进行了画像,具体如图 13-59 所示。

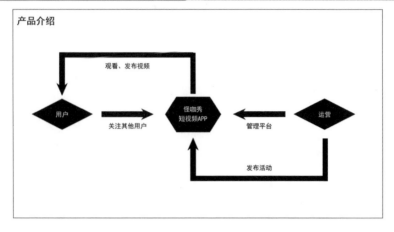

图 13-57 "产品介绍"页面

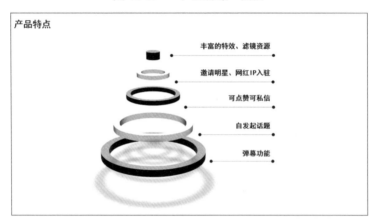

图 13-58 "产品特点"页面

图 13-59 "用户画像"页面

8) 商业模式

商业模式方面，怪咖秀通过低成本获客和流量导流两方面进行了简单的介绍，具体如图13-60所示。

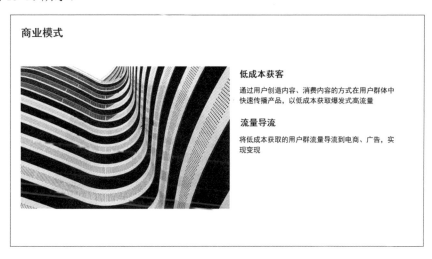

图13-60 "商业模式"页面

9) 盈利模式

盈利模式方面，怪咖秀主要有3种获得盈利的方式，即虚拟道具收入、流量变现和广告收入，具体如图13-61所示。

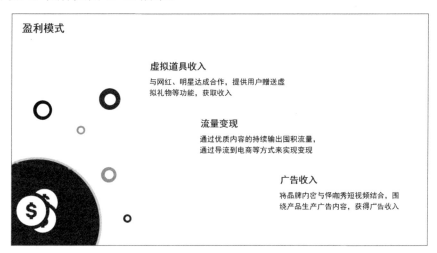

图13-61 "盈利模式"页面

10) 竞争对手

竞争对手部分，怪咖秀主要是对3个竞争对手的情况进行了分析，即西瓜视频、火山小视频、梨视频，具体如图13-62所示。

图 13-62 "竞争对手"页面

11) 竞争优势

与市面上的视频 App 相比，怪咖秀的优势在哪里呢？商业计划书中重点列出了 3 个优势，即定位准确、分发渠道广和降低拍摄门槛，具体如图 13-63 所示。

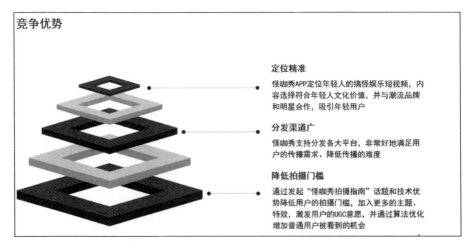

图 13-63 "竞争优势"页面

12) 运营数据

运营数据方面，怪咖秀重点对用户留存率、市场渗透率、用户日均使用频次的情况进行了说明，具体如图 13-64 所示。

13) 运营规划

对于未来的运营规划，怪咖秀重点对探索阶段、成长阶段和快速成长阶段进行了说明，具体如图 13-65 所示。

图 13-64 "运营数据"页面

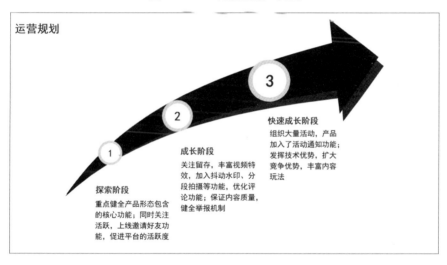

图 13-65 "运营规划"页面

14) 团队介绍

团队方面,怪咖秀的商业计划书中重点对一位创始人和两位联合创始人进行了介绍,具体如图 13-66 所示。

15) 融资计划

融资计划部分,怪咖秀将融资额度与对应的股权比例,以及资金的用途进行了说明,具体如图 13-67 所示。

16) 结束页

结束页中,怪咖秀主要作出致谢,具体如图 13-68 所示。

团队介绍

■ 创始人
毕业于南开大学软件工程，曾任酷讯技术委员会主席、六六房创始人兼CEO，是中国国内互联网行业最受关注的青年领袖之一

■ 联合创始人
毕业于清华大学，先后在Google、百度等技术领先的互联网公司负责搜索和推荐算法、系统架构等后端技术研发

■ 联合创始人
毕业于厦门大学，曾加入谷歌中国早期团队，建立了谷歌早期在华东的搜索引擎广告渠道，在互联网和消费行业积累了10年的高级管理经验

图 13-66 "团队介绍"页面

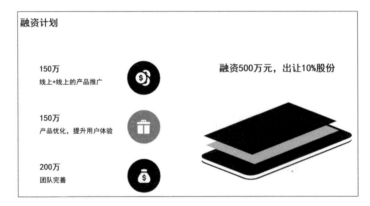

图 13-67 "融资计划"页面

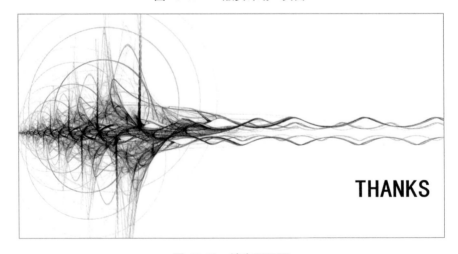

图 13-68 结束页页面

2. 优缺点分析

了解了怪咖秀商业计划书的主要内容之后,接下来,笔者就来说一说该商业计划书的优点和缺点。

1) 优点

笔者认为,怪咖秀商业计划书的优点主要体现在图表数量相对较多,内容直观,且整个商业计划书观赏性较强。

2) 缺点

而该商业计划书的缺点,则主要体现在部分图片与内容的关联性不强,商业计划书封面的标题不够新颖,以及结束页未将联系方式留下。